大人だって本当は知らない

10才からのお金の貯《た》め方・つかい方

監修
横山光昭
ファイナンシャルプランナー

マンガ
[illegible]ぎうらゆう

永岡書店

はじめに

みなさんは、「お金《かね》」について考《かんが》えたことがありますか？「おこづかいがもっとあればいいのに」と思《おも》ったことがある人《ひと》は多《おお》いかもしれませんね。そう、お金《かね》があればほしいものを買《か》うことができます。でも、おうちの人《ひと》には、「ムダづかいはダメ！」なんて言《い》われているのではないでしょうか。「自分《じぶん》のお金《かね》なんだから、好《す》きにつかいたい…」そんなふうに思《おも》っている人《ひと》もいるかもしれません。

わたしは、ファイナンシャル・プランナーの横山光昭《よこやまみつあき》といいます。お金《かね》の専門家《せんもんか》です。もうひとつの肩書《かたが》きで「家計再生《かけいさいせい》コンサルタント」というものもあります。つまり、貯金《ちょきん》ができないとか、ムダづかいが多《おお》くてこまっている人《ひと》の相談《そうだん》にのったり、投資《とうし》（資金《しきん》を元手《もとで》に利益《りえき》をふやすこと）の始《はじ》め方《かた》を教《おし》えたりすることを仕事《しごと》にしています。

お金《かね》は、「生活《せいかつ》をするためにつかう」ことが多《おお》いでしょう。食《た》べ物《もの》を買《か》い、住《す》むところや着《き》るものなどにつかいますし、生活《せいかつ》には必要《ひつよう》ないけれど、「ほしいもの」や「体験《たいけん》する」ことにもつかいます。ほかにも、将来《しょうらい》にそなえた貯金《ちょきん》や、大人《おとな》になれば税金《ぜいきん》の支払《しはら》いなど、いろいろなことにつかうようになっていきます。

この本《ほん》でわたしは、お金《かね》のプロとして、お金《かね》のつかい方《かた》の基本《きほん》や、貯《た》め方《かた》のコツなどを教《おし》える役割《やくわり》をしています。

● にたような商品《しょうひん》なのに、高《たか》いものと安《やす》いものがあるのはなぜ？

● 同《おな》じ商品《しょうひん》なのに、お店《みせ》によって値段《ねだん》がちがうことがある？

そんなことも説明《せつめい》しつつ、お金《かね》とのつき合《あ》い方《かた》や、貯《た》め方《かた》、ふやし方《かた》なども学《まな》んでいってもらえたらと思《おも》っています。

10才前後《さいぜんご》のきみたちが、今《いま》からこのコツを学《まな》んでおけば、将来《しょうらい》、絶対《ぜったい》にお金《かね》にこまることはなくなります。お金《かね》は、自分《じぶん》の人生《じんせい》を輝《かがや》かせるための道具《どうぐ》のひとつにしかすぎないのです。

正解《せいかい》は、ひとつではありません。環境《かんきょう》や、その人《ひと》に合《あ》った考《かんが》え方《かた》がそれぞれあります。

みなさんが、いろいろなことを考《かんが》えたり感《かん》じたり、ときには失敗《しっぱい》をしたりしながら、将来《しょうらい》、お金《かね》になやまされることのない、すてきな生《い》き方《かた》ができる大人《おとな》になることを願《ねが》っています。

2500円《えん》かあ。お年玉《としだま》をつかえば買《か》えるかなあ。
ワンピかわいい〜♥
いいなぁ〜
って…25万円《まんえん》!! 何《なん》でこんなにするの？
CASANEL
¥250,000
たかっ
88ページ　商品《しょうひん》の値段《ねだん》は、どうやって決《き》まる？
カサネル
CASANEL
¥250,000
シーユー
Su
SeeYou
¥2,500
わたしが着《き》ているのと似《に》た感《かん》じのワンピースなのになあ。
なぜ…
←Suのワンピ
86ページ　同《おな》じものでも、商品《しょうひん》によって値段《ねだん》がちがう
ママ、カサネルのワンピ買《か》って！
おねがい！
25万《まん》なんて、ダメに決《き》まってるでしょ!!
はあ〜〜〜
いいもん、じゃあバイトするからっ。
46ページ　小学生《しょうがくせい》でもアルバイトできるの？

ママがダメって言《い》う理由《りゆう》は？

1 どうせ貯金《ちょきん》できない

☞18ページ　おこづかいをどうつかう？

2 どうせつかっちゃう

☞48ページ　貯金《ちょきん》なんかしないでつかっちゃいたい！

3 子《こ》どもが大金《たいきん》を持《も》つなんて心配《しんぱい》

☞92ページ　お金《かね》を大切《たいせつ》につかおう

ちゃんと貯《た》めるよ。
貯金箱《ちょきんばこ》も買《か》ったんだよ！
ずいぶん大《おお》きな貯金箱《ちょきんばこ》ね…。
!?
まねき猫《ねこ》!?
デーン
千《せん》万《まん》両《りょう》
ということで…
今月《こんげつ》のおこづかい、ちょうだい！
千万両
ちゃんと貯《た》めるのよ…。
なんて事《こと》もあったわね…昔《むかし》…
えっ、この子《こ》、母《かあ》ちゃんだったの!?
マジかよーっ

いるか知《し》ってる？

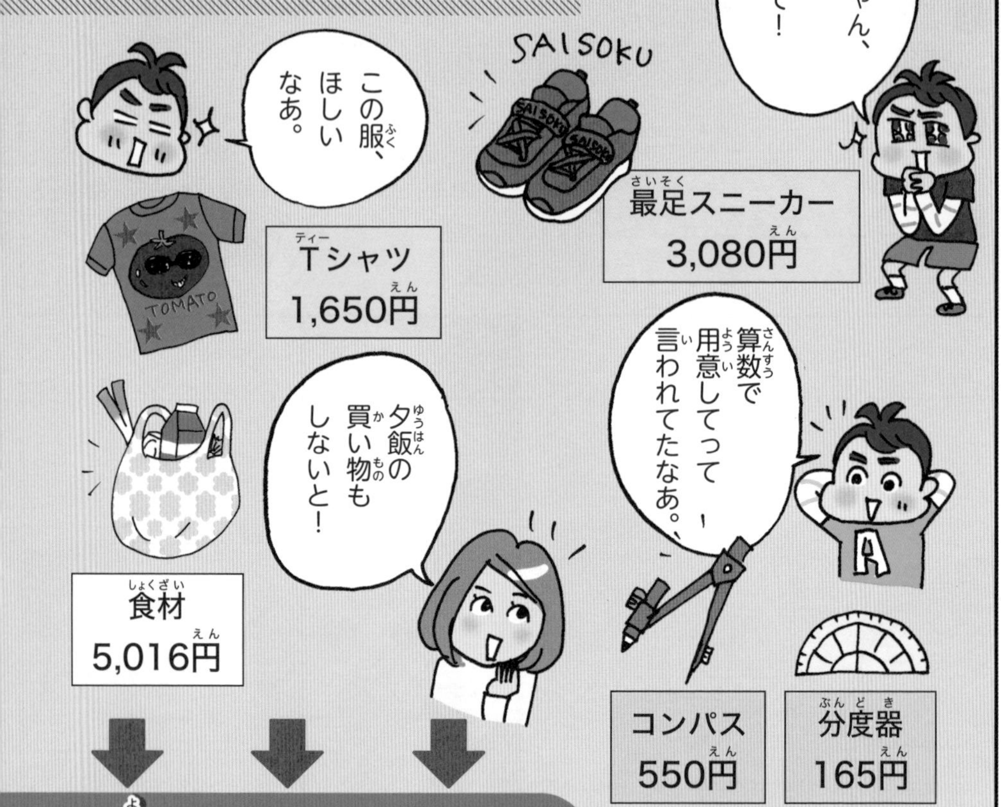
この服《ふく》、ほしいなあ。
SAISOKU
母《かあ》ちゃん、これ買《か》って！
T《ティー》シャツ 1,650円《えん》
最足《さいそく》スニーカー 3,080円《えん》
夕飯《ゆうはん》の買《か》い物《もの》もしないと！
算数《さんすう》で用意《ようい》してって言《い》われてたなあ。
食材《しょくざい》 5,016円《えん》
コンパス 550円《えん》
分度器《ぶんどき》 165円《えん》

読《よ》んでみよう！

❶お金《かね》ってどんなもの？

うわあ！お金《かね》って、こんなにかかってるんだなあ…。

❷お金《かね》をかせぐ・お金《かね》をつかう

何《なに》にお金《かね》がかかって

母《かあ》ちゃんの耳鼻科《じびか》もよるんだよね？
医院《いいん》
おくすり さま
病院《びょういん》・薬《くすり》
2,255円《えん》
おなかすいた！
ファミレス
3,850円《えん》
あんたが食《た》べたいだけでしょ…。
ケーキ
2,024円《えん》
父《とう》ちゃんにおみやげ買《か》って帰《かえ》ろうぜ！

さっそくこの本《ほん》を

お金《かね》のあれこれ、いっしょに学《まな》んでいきましょう！
千万両
③お金《かね》の貯《た》め方《かた》・お金《かね》のふやし方《かた》
お金を預ける
銀行ってどんなところ？
お札を発行する
日本銀行ってどんな銀行？
④世《よ》の中《なか》とお金《かね》の関係《かんけい》

もくじ

この本《ほん》に出《で》てくる子《こ》たち

さやか

お手伝《てつだ》いをした分《ぶん》だけ、おこづかいをもらっている。貯金《ちょきん》はほとんどできていない。

ヒュウガ

お金《かね》についてよく考《かんが》えたことがない。あればあるだけつかうタイプ。

アキ

コウと双子《ふたご》。心配《しんぱい》性《しょう》でなかなかお金《かね》をつかえない。貯《ちょ》金《きん》が好《す》き。

コウ

アキと双子《ふたご》。ほしいものがたくさんある。考《かんが》えてお金《かね》をつかうのが苦手《にがて》。

れい

大金持《おおがねも》ちのおじょう様《さま》。しっかり者《もの》でお金《かね》の管理《かんり》もカンペキ。

まあちゃん

お金《かね》にくわしい、しゃべるネコ。その正体《しょうたい》は…!?

パパ

金福製菓《きんぷくせいか》で営業《えいぎょう》の仕事《しごと》をしている。子《こ》どもたちをあまやかしがち。

ママ

お弁当《べんとう》のうまい屋《や》でパートをしている。料理上手《りょうりじょうず》の節約家《せつやくか》。

ひゃっほー
ぐふふ

ジャーン
ふふふ、貯《た》まった！

PART 1
お金《かね》ってどんなもの？

お皿《さら》洗《あら》い、ありがとう。
ハイ
やったー

おこづかいがほしい！

はっ!!
あれは!!
さやか、そのキーホルダーいいなあ！
エーッ
野菜《やさい》モンスターのレアキャラじゃん！
でしょ。ガチャ1回《かい》で当《あ》たったんだ！
やった!!
お手伝《てつだ》いすると、1回《かい》20円《えん》もらえるの。それで、お金《かね》を貯《た》めたんだよ。
エヘヘ
1回《かい》20円《えん》
洗《せん》たくものをたたむ
お風呂《ふろ》そうじ
れいは、毎月《まいつき》おこづかいをもらってますわよ。
そしておこづかい帳《ちょう》をちゃんとつけてますわ
へーっ
スイス銀行《ぎんこう》に貯金《ちょきん》をして、じいやに管理《かんり》してもらっているのよ。
キリッ
ホホホ
おじょうさまの資産《しさん》は、じいがしっかりお守《まも》りします。
ハイッ
さすが、大金持《おおがねも》ちのれいちゃん！
スイス？
じいや？
スケールがちがう…
あれ？
ガーン
もしかして、おこづかいをもらってないのって、オレだけ!?

おいアキ、聞《き》いてよ！おこづかいもらってないのってうちだけだぜ。
そうなの!? 父《とう》ちゃんが帰《かえ》ってきたら言《い》おうよ。
父《とう》ちゃん！オレらにもおこづかいくれよー。
みんなもらってるんだって！
そうか、そうか…。じゃあ500円《えん》でいいか？
ちょっとパパ！必要《ひつよう》なときにはわたしてるんだから、500円《えん》もあげちゃダメよ！
よそはよそ‥うちはうち！
そっ、そうだよね…。
じゃ～やめとこっ
ガー…ン
ポン
まあまあ、ちょっと待《ま》って！おこづかいのこと、まじめに考《かんが》えてみようニャン！
誰《だれ》!?
ね…ねこ!?

みんなは、どんなふうに おこづかいをもらっているのかな？

月額制《げつがくせい》

「1か月《げつ》に500円《えん》」というように、決《き》まった金額《きんがく》を月《つき》ごとにもらう。

今月《こんげつ》のおこづかいだよ。
パパ、ありがとう。

申告制《しんこくせい》

おこづかいが必要《ひつよう》なときに、おうちの人《ひと》にたのんでお金《かね》をもらう。

プールに行《い》きたいから、お金《かね》ちょうだい。
はい。

おだちん制《せい》

「お手伝《てつだ》い1回《かい》20円《えん》」というように、働《はたら》いたことに対《たい》するお礼《れい》としてお金《かね》をもらう。

お皿洗《さらあら》い、ありがとう。
ハイ
やったー！

その他《た》

お年玉《としだま》や、親《しん》せきからのおこづかいなど、特別《とくべつ》なときにもらう。

はい、お年玉《としだま》よ。
イエーイ
ありがとう!!

おこづかいは、どこからやってくる?

じゃあ、今月《こんげつ》から毎月《まいつき》500円《えん》ずつね。むだづかいしないのよ。
やったー!!
毎月《まいつき》500円《えん》ゲット！ほしいもの、いっぱい買《か》えるぞ。
ぐふふ
ひゃっほー
うれしいなあ、おこづかい♡
よかったニャン。おこづかいもらえて。
ねえねえ、ところでどなた様《さま》?
ゴロゴロ
このネコ…。
ニコニコ
どこかで見《み》たことあるような気《き》が……
??
ワタシは、ママさんのへそくり用《よう》の貯金箱《ちょきんばこ》、まあちゃんです！
エー!!
デデン!!
千万両
何《なに》?
へそくりって
へそくり?
な、なんでもないわよ!!
かわったネコねぇ〜
アハハハハ
むぐぐくるしい…

さっそくですが、「おこづかい」って、どこからきたものなのでしょう？
ええっ、いきなり何《なに》？
父《とう》ちゃんたちにもらったんだよ！
ふむふむニャ。
では、パパさんたちは、どこからお金《かね》をもらったんでしょうね？
会社《かいしゃ》からでしょ！
そんなのわかるしー
はい、じゃあ、会社《かいしゃ》はどこからお金《かね》をもらっているんでしょう？
えーっと、それは…？
えーっ
えーわかんない
教《おし》えてー…
ここからは、有料講座《ゆうりょうこうざ》になりますニャン。
つきましては1回《かい》100円《えん》いただきます
ママさんよろしくニャー！
まいどあり。
えっ!?
パタパタ
まあちゃん…けっこうシビアね…。

きみがつかったお金《かね》はぐるぐる回《まわ》っていく　たとえばチョコレート

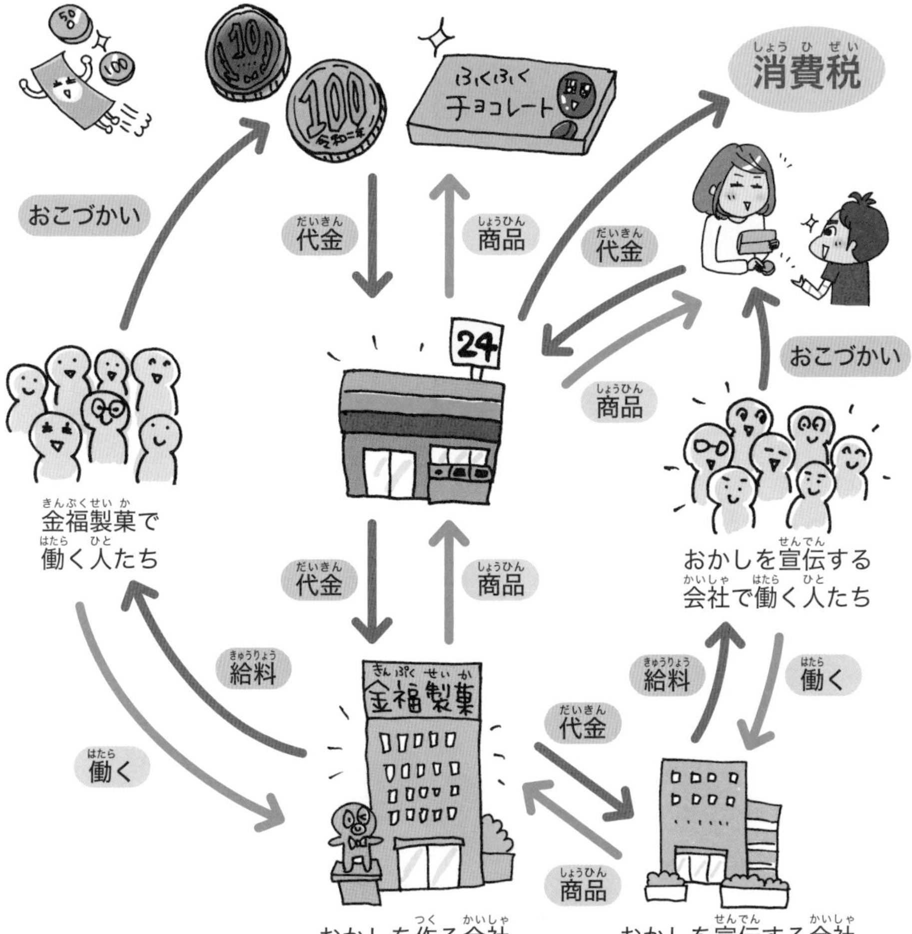

おこづかいをどうつかう？

お祭《まつ》りの縁日《えんにち》
うわあ、まようなあ。
オレ、金魚《きんぎょ》すくいやるぜ！
金魚《きんぎょ》すくい
1回《かい》100円《えん》
チョコバナナ
アキはやらないのかよ？
だって、1回《かい》100円《えん》なんだもん。おこづかいなくなっちゃうよ。
よーし、いっぱいすくうぞ！
あ〜〜とれなかったー。
えっ
よーし、もう1回《かい》！
まいどあり〜
クソーまたやぶれた!!
おじさん、もう1回《かい》!!
エーッ
3回目《かいめ》…もったいないなあ。
やった！金魚《きんぎょ》ゲットだぜ♪
わーい
オレ天才《てんさい》〜♪
ジャーン
ああ、300円《えん》もつかっちゃって…。

あっ、かき氷《ごおり》があるよ！
レインボーミックス味《あじ》だって！
レインボーミックス味《あじ》
かき氷《ごおり》
氷
いちご
メロン
ミルク
マンゴー
おいしいですよー
えっ、すごい！
はい、200円《えん》ね。
やったー
うまそー
ううっ、どうしようかなあ。食《た》べたいな…。
じーっ
食《た》べたいなら、買《か》ったら？
ごくっ
コウ、お願《ねが》い～。一口《ひとくち》ちょうだい～。
わかったよ！
ヨロ～ヨロ～
ケチだな…。
どんだけだよ!!
ただいまー
あっ帰《かえ》ってきたニャ！
おかえり！お祭《まつ》りどうだった？
楽《たの》しかったよー。おこづかいもきっかりつかったぜ。
エヘヘ
えっ、コウは500円《えん》全部《ぜんぶ》つかっちゃったの？今月《こんげつ》のおこづかいはもうないわよ。
ハァ…
エッ!? アキは1円《えん》も使《つか》ってないの？
うん…
もったいないから…

でも、かき氷《ごおり》、食《た》べればよかったかな…。
アキくん、しっぽをつかまないでくださいよ。
おふたりは、お金《かね》のつかい方《かた》が正反対《せいはんたい》ですね。ちょっと比《くら》べてみましょうニャ!

コツコツためる 節約《せつやく》タイプ!

よいところ

お金《かね》が貯《た》まる。お金《かね》が足《た》りなくてこまることがない。

悪《わる》いところ

お金《かね》を生《い》かせていない。

すぐにつかう 散財《さんざい》タイプ!

よいところ

お金《かね》をつかってさまざまな体験《たいけん》をしている。お金《かね》をつかう楽《たの》しさがわかる。

悪《わる》いところ

お金《かね》が貯《た》まらないから、いざというときにお金《かね》がなくてこまる。

さあ、きみはどっちのタイプでしょうね? おこづかいを上手《じょうず》につかえるようになるには、どうすればいいかニャ?

おこづかいが足《た》りない！

オレ、この間《あいだ》のお祭《まつ》りで、初《はじ》めて金魚《きんぎょ》すくえたんだぜ。
いいなー
コウ、すごいじゃん！
でも、3回《かい》もやっちゃって、その後《あと》にかき氷《ごおり》も食《た》べてよ…。今月《こんげつ》のおこづかいもう0円《えん》!!
遊《ゆう》遊《ゆう》王《おう》のトレカもほしかったのにトホホ…
……
エエーッ
……
うける！
あはは、コウらしい！
ムッ
なんだよー
コウくんは、計画性《けいかくせい》がないのね。
ってゆーかさ
計画性《けいかくせい》ってなんだよ？れいんちは、お金持《かねも》ちだからいいよな。
なんですって!?
ピクッ
お金持《かねも》ちだって、おこづかいにはかぎりがあるんだから、計画的《けいかくてき》につかうのは当然《とうぜん》でしょう！
れいちゃんの言《い》うとおりニャ！
ドー
ひぃぃっ
カッ
コウくんが今《いま》こまっているのは、おこづかいのつかい方《かた》を考《かんが》えずに、お祭《まつ》り気分《きぶん》にうかれてそのときにしたいこと、ほしいものを優先《ゆうせん》させてしまったからなのですニャ!!

おこづかいを計画的《けいかくてき》につかえるようになるには？

必要《ひつよう》なものなのか、ただほしいだけのものなのかを考《かんが》えるといいですよ。

❶ほしいものリストを作《つく》る

自分《じぶん》がほしいものを書《か》き出《だ》そう。

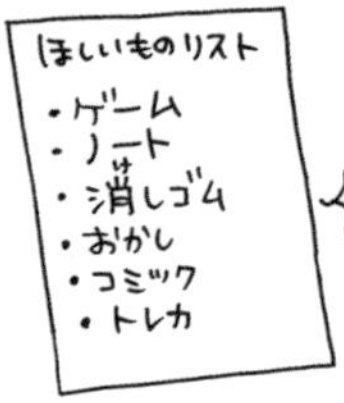

❷必要《ひつよう》なものと、ただほしいだけのものに分《わ》ける

必要《ひつよう》なもの	ほしいだけのもの
ノート 消《け》しゴム など	ゲーム おかし コミック トレカ　など

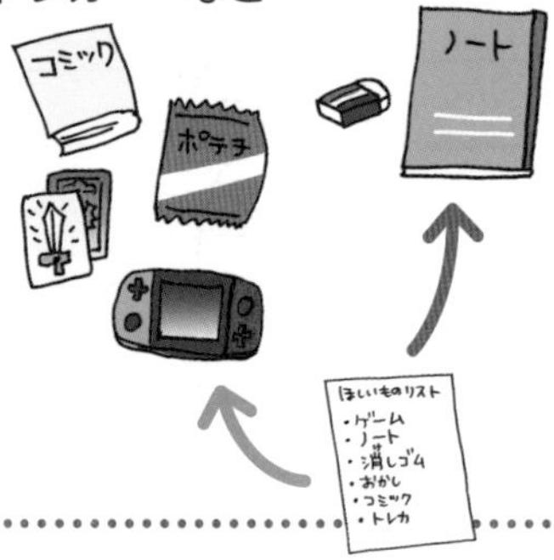

❸買《か》うものの優先順位《ゆうせんじゅんい》を考《かんが》える

値段《ねだん》を調《しら》べて何《なに》から買《か》うかを決《き》めよう。

ノートを買《か》ったらマンガはムリだけど、おかしは買《か》える！

ノート
150円《えん》

マンガ
484円《えん》

おかし
138円《えん》

優先順位《ゆうせんじゅんい》が高《たか》いのは、必要《ひつよう》なものですね。

お金《かね》が足《た》りないときは、がまんも必要《ひつよう》です。いくら足《た》りないのかを考《かんが》えて、お金《かね》を貯《た》めましょう。

ほしいものがないときは、無理《むり》して買《か》うことはないですからね。
本当《ほんとう》にほしいものが出《で》てくるまで、お金《かね》は大切《たいせつ》に貯《た》めておいてくださいよ。
うちは、毎月《まいつき》のおこづかいの金額《きんがく》が決《き》まってないよ。おだちん制《せい》だから。
その場合《ばあい》も、同《おな》じようにしてみてください。
ほしいものリスト
ほしいものリストを作《つく》って、今《いま》あるお金《かね》と照《て》らし合《あ》わせてみて!
お金《かね》が足《た》りないのか、足《た》りているのか、今《いま》つかえるお金《かね》はいくらなのか、自分《じぶん》でわかっておくことが大事《だいじ》なんです。
まあちゃんのほしいものリスト
ほしいものリスト
・大《おお》トロまぐろおさしみ
・トロサーモンおすし
うーむ
足《た》りない…
そうすれば、その場《ば》の空気《くうき》でなんとなくつかってしまうことも、無理《むり》にがまんすることもなくなりますよ!
夏祭《なつまつ》りのとき…
ガマン…
ごくっ
おいしそう
アキ
でもおこづかいもうないや
エヘヘ
コウ
へへ…
へへへ…
まあちゃん、ほしいものリスト書《か》いたよ!
ジャーン
ながっ!!

おこづかい帳《ちょう》をつけよう！

ジャラ
ジャラ
フフフ…
アキ、お金持《かねも》ちだなあ。
いいな～
まあね！毎月《まいつき》300円《えん》ずつ貯金《ちょきん》してるからね。
エッヘン！
ブヒー
じーーっ
で～、どうしてコウはもらってすぐに全部《ぜんぶ》つかっちゃうのかしらね。
ぎくっ
うーん
それが、オレも不思議《ふしぎ》なんだ…。ほしいものリストもちゃんと作《つく》ってるのにさ。
気《き》づいたときには、もうなくなっているんだ…。
こわいよ～
なぜなんだろう
こわいよ、じゃないでしょ！コウが自分《じぶん》でつかってるんでしょうが！
そうだニャ!!

今回《こんかい》は、ある方《かた》にお願《ねが》いして、特別《とくべつ》におこづかい帳《ちょう》をお借《か》りしてきました！
おこづかい帳《ちょう》
エーッ おこづかい10万円《まんえん》!?
ことがら
入《はい》ったお金《かね》
おこづかい
100,000円《えん》
レベルがちがいすぎる…
これは、お金持《かねも》ちのれいのおこづかい帳《ちょう》だな！
れい
こんなにもらってるんだ！
マジでー
おこづかい帳
いいなあ。こんなにあったら何《なん》でも買《か》えるな！
貯金《ちょきん》もできるなあ。
はい！
よそはよそ。うちはうち！
見《み》てほしいのは、そこじゃないですよ。
日付《ひづけ》、ことがら、入《はい》ったお金《かね》、つかったお金《かね》、残《のこ》っているお金《かね》を書《か》くと、今《いま》いくらあるのかがちゃんとわかるんですニャ。

日付《ひづけ》	ことがら	入《はい》ったお金《かね》	つかったお金《かね》	残《のこ》っているお金《かね》
1日	おこづかい	100,000円《えん》		100,000円《えん》
1日	銀行《ぎんこう》に貯金《ちょきん》		50,000円《えん》	50,000円《えん》
2日	犬《いぬ》のトリミング		22,000円《えん》	28,000円《えん》
4日	参考書《さんこうしょ》セット		20,350円《えん》	7,650円《えん》
10日	おじ様《さま》からのおこづかい	100,000円《えん》		107,650円《えん》
13日	ホテルでアフタヌーンティー		10,186円《えん》	97,464円《えん》
14日	お洋服《ようふく》		56,100円《えん》	41,364円《えん》
23日	バカンス用《よう》の水着《みずぎ》とサンダル		28,600円《えん》	12,764円《えん》

つまり、おこづかい帳《ちょう》をつけると、「いつの間《ま》にかお金《かね》がなくなってしまった」という、コウくんのようななやみを解決《かいけつ》できるんです！
お金《かね》の出入《でい》りを管理《かんり》しよう！
フッフッフ
❶入《はい》ったお金《かね》
❷つかったお金《かね》
❸残《のこ》っているお金《かね》
コレがおこづかい帳《ちょう》だよ！
ふむふむ、なるほどね～。
お金《かね》を上手《じょうず》につかえるようになることは、とても大切《たいせつ》なことなんです。
おこづかい帳《ちょう》、がんばってつけてみましょう！
おこづかい帳《ちょう》
わかったよ！
問題《もんだい》は、続《つづ》けられるかだね…。
じー…っ
そうね…
ぎく～!!
……
おこづかい帳《ちょう》
がんばるニャ！

もしも、10万円《まんえん》もらったら？

も・し・も！
アキくんとコウくんのおこづかいが毎月《まいつき》10万円《まんえん》になったら、どうつかいますか？
れいちゃんと同《おな》じですニャ。
毎月《まいつき》10万円《まんえん》!!
つかってもつかっても、つかいきれないかもなー。
うお〜
うっとり…
大《おお》金《がね》もちだー
もうちょっと具体的《ぐたいてき》に考《かんが》えてみましょう。今《いま》10万円《まんえん》もらったとしたら、どうやってつかいますか？
10万円《まんえん》は、1万円札《まんえんさつ》が10枚《まい》、500円玉《えんだま》なら2000枚《まい》ですよ。
おお、スゲー!!
ほしいもの、したいことを書《か》き出《だ》して、それぞれにかかるお金《かね》を調《しら》べましょう。
それと、貯金《ちょきん》も考《かんが》えて、計画的《けいかくてき》に10万円《まんえん》をつかってください！
おこづかい計画表《けいかくひょう》
せっ

アキの計画表《けいかくひょう》

アキが
ほしがってた
ゲームだ！

ほしいもの・したいこと	金額《きんがく》
コミック　ひめつの歯《は》	480円《えん》
ゲームソフト　がんばれどうぶつ	6,000円《えん》
貯金《ちょきん》	93,520円《えん》

ぼくは、
しっかり
貯金《ちょきん》して
いますよ！

コウの計画表《けいかくひょう》

プレゼント、
いいですね。

ほしいもの・したいこと	金額《きんがく》
父《とう》ちゃん　たん生日《じょうび》プレゼント	1,000円《えん》
金魚《きんぎょ》のでっかい水《すい》そう	10,000円《えん》
ゲームソフト　ゴリラカート	5,000円《えん》
トレカ　遊遊王《ゆうゆうおう》セット	4,280円《えん》
マウンテンバイク	30,000円《えん》
手品《てじな》グッズ	2,800円《えん》
サッカーボール	2,600円《えん》
[illegible]の[illegible]シューズ	6,500円《えん》
い[illegible]キャップ	3,000円《えん》

トレカ、
こんなに必要《ひつよう》？

ほしいもの、
まだまだ
いっぱい
あるぞ！
貯金《ちょきん》は？
本当《ほんとう》にほしい
ものを考《かんが》えて
くださいよ。

おこづかい10万円《まんえん》の
つかいみちを考《かんが》えてみよう

きみのほしいものの優先順位《ゆうせんじゅんい》を考《かんが》えてみましょう。
10万円《まんえん》でほしいものが全部《ぜんぶ》買《か》えるからといって、
むだづかいになっていませんか？

ほしいもの・したいこと	金額《きんがく》
	円《えん》
	円《えん》
	円《えん》
	円《えん》
	円《えん》
	円《えん》
	円《えん》
	円《えん》
	円《えん》
	円《えん》
	円《えん》
	円《えん》
	円《えん》
	円《えん》

電子《でんし》マネーって何《なん》だろう?

コンビニのレジ
タッチしてください
ピッ
えっ、あれ!?
ヒュウガ、お金《かね》はらわなきゃ!
ガーッ
いいの、電子《でんし》マネーをつかったんだよ。
コレ
SUISUI
ピッってするだけで、買《か》い物《もの》ができるんだ!
塾《じゅく》に通《かよ》うから持《も》ってるんだよ!
電車《でんしゃ》にも乗《の》れるし、おかしも買《か》えるよ。
スゲー!!
わたしも持《も》ってるよ!よくバスに乗《の》るからね。
ジャーン
さやかも持《も》ってるんだー。
へー
お金《かね》をチャージすると、このカードがお金《かね》の代《か》わりになるんだよ!
エッヘン!
ちゃ、ちゃーじ?

まほうのカードじゃん！
お金《かね》がなくても買《か》い物《もの》できるなんて！
ポン
いえいえ、まほうじゃないですよ！ お金《かね》がなければ買《か》い物《もの》はできません！
カードの形《かたち》をしていて、つかい方《かた》もちがいますが、**お金《かね》そのもの**なんですよ。
ねこ!?

電子《でんし》マネーで電車《でんしゃ》に乗《の》るとき

❶ 駅《えき》などで、カードにお金《かね》をチャージしておく

1000円《えん》チャージしたら、1000円分《えんぶん》つかえる。

※チャージとは、カードにお金《かね》を入《い》れること。

❷ 改札《かいさつ》を入《はい》るときにカードをタッチする

❸ 改札《かいさつ》を出《で》るときにもう一度《いちど》カードをタッチする

このときに、運賃《うんちん》がカードにチャージした分《ぶん》から引《ひ》かれる。

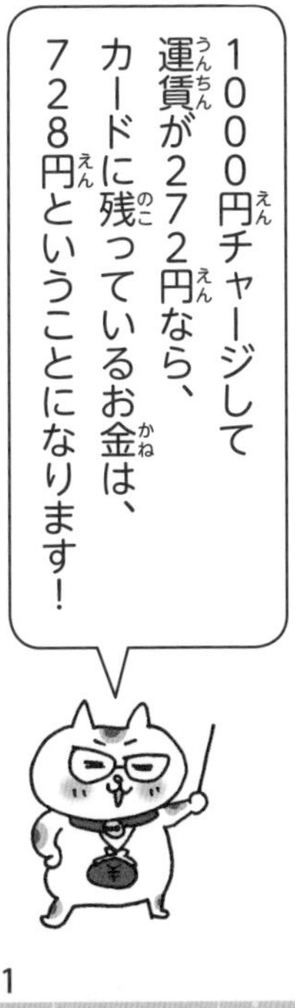
1000円《えん》チャージして運賃《うんちん》が272円《えん》なら、カードに残《のこ》っているお金《かね》は、728円《えん》ということになります！

電子《でんし》マネーで買《か》い物《もの》をするとき

❶お店《みせ》などで、買《か》い物《もの》をする前《まえ》にカードにお金《かね》をチャージしておく

❷商品《しょうひん》を選《えら》ぶ

❸レジでカードを出《だ》して、会計《かいけい》をする

ここで、商品《しょうひん》の代金《だいきん》を支払《しはら》ったことになる。

ひんやり
アイスコーナー
チャージ
ピロン
K

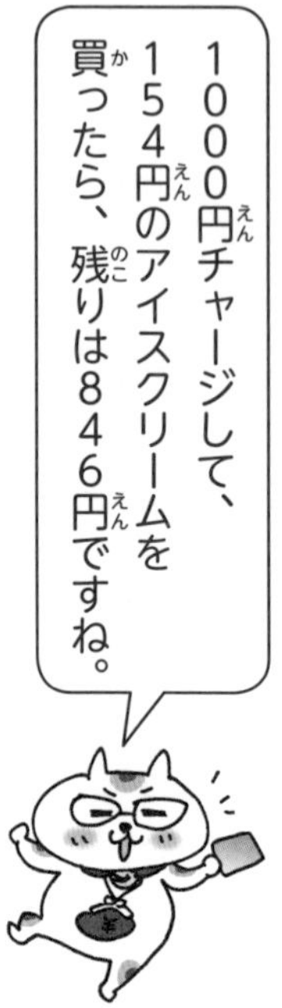
1000円《えん》チャージして、154円《えん》のアイスクリームを買《か》ったら、残《のこ》りは846円《えん》ですね。

※電子《でんし》マネーには、カード以外《いがい》にスマホのアプリを使《つか》ったものなどもあります。

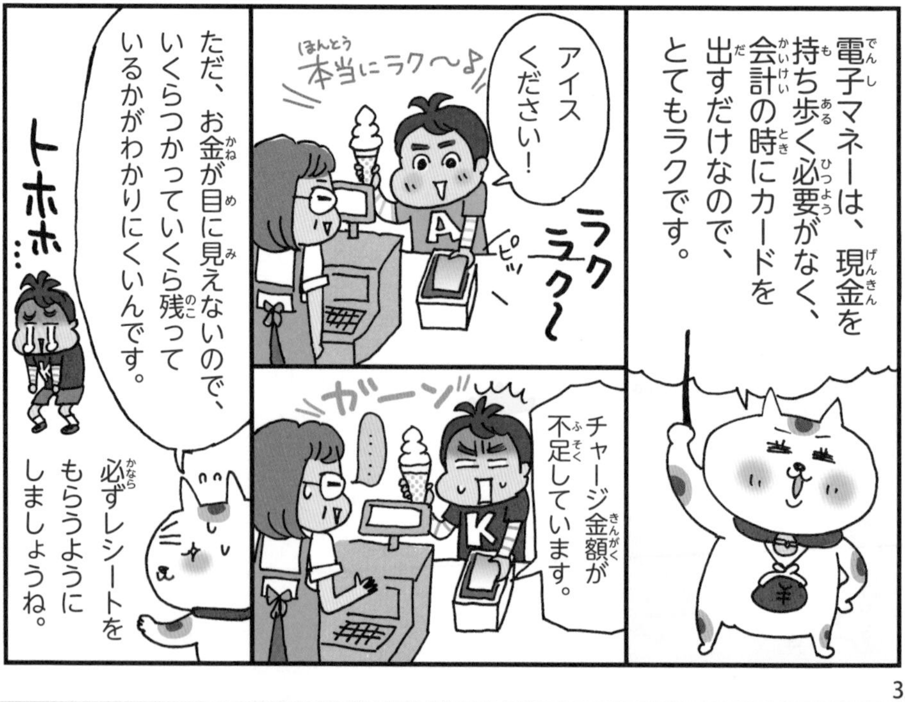
電子《でんし》マネーは、現金《げんきん》を持《も》ち歩《ある》く必要《ひつよう》がなく、会計《かいけい》の時《とき》にカードを出《だ》すだけなので、とてもラクです。
アイスください！
本当《ほんとう》にラク〜♪
ラクラク〜
ピッ
ガーン
……
チャージ金額《きんがく》が不足《ふそく》しています。
ただ、お金《かね》が目《め》に見《み》えないので、いくらつかっていくら残《のこ》っているかがわかりにくいんです。
トホホ…
必《かなら》ずレシートをもらうようにしましょうね。

そもそも、お金《かね》って何《なん》だろう？

まあちゃん、よく考《かんが》えると、お金《かね》って不思議《ふしぎ》よね。
どうしたニャ？
だって、お札《さつ》はただの紙《かみ》だし、
ペラ ペラ
コロン
硬貨《こうか》も金属《きんぞく》のかたまりでしょ！
これでいろんなものが買《か》えるって、すごいことよねえ。
ズバリ、お教《おし》えしましょう！
それは、「円《えん》」というものを、みんなが「お金《かね》だと信用《しんよう》している」からなんですよ。
お金《かね》には3つの役割《やくわり》があって、「お金《かね》でものを買《か》える」というのは、そのうちのひとつなんです！
えーっ、そうなの？
3つの役割《やくわり》って!?
はい、ここからは有料《ゆうりょう》ですニャ。お子《こ》さんたちにもお教《おし》えしましょうね。
また有料《ゆうりょう》〜
まいど！

お金《かね》の役割《やくわり》 ❶ ものと交換《こうかん》ができる

これがお金《かね》で物《もの》を買《か》えるということです。お金《かね》がなかった大昔《おおむかし》は、「物々交換《ぶつぶつこうかん》」といって、物《もの》と物《もの》を交換《こうかん》してほしいものを手《て》に入《い》れていました。けれど、おたがいのほしいものが合《あ》わないと交換《こうかん》ができないので不便《ふべん》でした。しかし！　お金《かね》ならばそのものの代金《だいきん》を支払《しはら》えば、すぐに手《て》に入《い》れることができます。

お金《かね》の役割《やくわり》 ❷ ものの価値《かち》を表《あらわ》す

スーパーに行《い》くと、すべての商品《しょうひん》に値段《ねだん》がついています。値段《ねだん》を見《み》れば、クッキーはチョコレート２個分《こぶん》と同《おな》じくらい、魚《さかな》は大根《だいこん》２本分《ほんぶん》と同じくらいの値段《ねだん》だな、というように、値段《ねだん》でそのものの価値《かち》をくらべることができます。

お金《かね》の役割《やくわり》③ ものの価値《かち》を貯《た》めておける

大昔《おおむかし》、物々交換《ぶつぶつこうかん》をしていたものは、山《やま》でとれた「肉《にく》」、海《うみ》でとれた「魚《さかな》」のように、長《なが》く保存《ほぞん》できないものばかりでした。でも、「お金《かね》」ならばつかわないときには貯《た》めておくということができます。つまり、いつまでも価値《かち》が続《つづ》くということです。

チャリン♪

ジャーン
ふふふ、貯《た》まった!

※社会《しゃかい》の状況《じょうきょう》によって、お金《かね》の価値《かち》は変化《へんか》することもあります。

ガーン
ああっ、賞味期限《しょうみきげん》が切《き》れてる!!
みかん
もも
パイン
安《やす》いときに買《か》いだめしてたんですニャ。
……
そうなの…。
節約《せつやく》のつもりがかえってムダづかいに!
わーん
あるあるだニャー
お金《かね》とちがって缶《かん》づめでは、ものの価値《かち》をためておけませんからね。
ですよね…。
トホホ…

おこづかい相談室《そうだんしつ》❶

友《とも》だちにお金《かね》を貸《か》していいい？

相談者《そうだんしゃ》：アキくん

みなさんのお金《かね》やおこづかいにまつわるおなやみ・疑問《ぎもん》にお答《こた》えするニャ！
特別《とくべつ》サービス、相談料《そうだんりょう》は初回無料《しょかいむりょう》です。
じつは、相談《そうだん》したいことがあるんだ。コウのことが心配《しんぱい》で…。
えっ、オレのこと!?
はい、何《なん》でしょう？
この間公園《あいだこうえん》で…
のどかわいたなー。
ジュース買《か》おうぜ。
水《すい》とう、わすれたのかよ。
あっ、50円《えん》足《た》りないや、コウ貸《か》して！
いいよ、はい。
サンキュー！
来月《らいげつ》のおこづかいもらったら返《かえ》すね。
エーッ
コウがお金《かね》貸《か》してる…。
だいじょうぶかよ…。

ズバリ、お答《こた》えしちゃいましょう。
ピピーッ
まあちゃんの答《こた》え
お金《かね》を貸《か》したり、借《か》りたりしてはいけません!!
えっ、何《なん》でダメなの?ヒュウガは返《かえ》すって言《い》ってたぜ。
絶対《ぜったい》!!
それが原因《げんいん》で友情《ゆうじょう》がこわれてしまうことがあるからです!!
友《ゆう》 情《じょう》
バリッ
お金《かね》を貸《か》した後《あと》のことを想像《そうぞう》してみましょう。
もし約束《やくそく》の日《ひ》に返《かえ》してもらえなかったら、コウくんはどうしますか?
えっ…。
どうして返《かえ》してくれないんだと、もやもやしませんか?
「返《かえ》して」と言《い》えればいいけど、「50円《えん》返《かえ》して」と言《い》うのは、なかなか言《い》い出《だ》しにくいものですよ。
50円《えん》、わすれてないかな~。
……。
おい、まだかよ~。
イラ イラ
ヒュウガのヤツ~~

返《かえ》してくれないなんて、ひどいヤツだ。
??
もう友《とも》だちやめよう、フン!
イラ イラ
……と、こんなことが起《お》きる可能性《かのうせい》もあるんです。
えっ、50円《えん》でそんなことに…。
ガーン
どうしよう!? そんなふうになったらこまるよ!
あ〜 あ〜
あー、心配《しんぱい》になってきちゃったぜ!
きっと、ヒュウガくんは返《かえ》してくれます。でも、おたがいがいやな思《おも》いをしないですむように、これからは、お金《かね》の貸《か》し借《か》りはやめてくださいね。
おうっ。
100円《えん》貸《か》してもらえない?
あ〜ごめん!
母《かあ》ちゃんに、お金《かね》は貸《か》しちゃだめって言《い》われててさ。
今後《こんご》、貸《か》してほしいと言《い》われたときは、
「家《いえ》の人《ひと》にだめって言《い》われてるんだ」と言《い》って、ことわるようにしましょう。
※例外《れいがい》として…
子《こ》どもだけで出《で》かけて…
さいふを落《お》としたみたい!帰《かえ》りの電車賃《でんしゃちん》がないよ…。
えっ
どうしてもお金《かね》を借《か》りなくてはいけないときがあるかもしれません。そのときは、できるだけ早《はや》く返《かえ》しましょう。

お金《かね》の貸《か》し借《か》りと同《おな》じように、こんなやりとりもダメですよ！
ピピーッ
友《とも》だちにおかしをおごってあげる／おごってもらう
私《わたし》もアイスおごってー
コウありがとう！
コウくんありがとー
いいよいいよ♡
デヘヘ♡
おこづかいを友《とも》だちにあげる／もらう
スゲー
サンキュー
オホホホー
おこづかい100万《まん》になったからちょっとあげる♡
オホホ〜〜♡
大人《おとな》の間《あいだ》でも、お金《かね》の貸《か》し借《か》りは、人間関係《にんげんかんけい》が悪《わる》くなることもある、むずかしい問題《もんだい》なんです。
お金《かね》を気軽《きがる》にやりとりしてはいけないんです。
大切《たいせつ》にあつかってくださいニャ！
うん！
そして、おこづかいはパパさんとママさんが働《はたら》いてかせいだ、大切《たいせつ》なお金《かね》です。
だから、勝手《かって》な貸《か》し借《か》りはいけませんよ！
コウ～！ この前《まえ》借《か》りた50円《えん》返《かえ》すね。ありがとう。
きのうおこづかい日《び》だったんだー
よかったニャン♡
ほっ…

おこづかい相談室《そうだんしつ》 ❷

おこづかいを前《まえ》借《が》りしたい！

相談者《そうだんしゃ》：ヒュウガくん

まあちゃん、聞《き》いて！
ヒュウガくん、どうしたニャン？
今月《こんげつ》は、好《す》きなマンガの新刊《しんかん》と、友《とも》だちの誕生日《たんじょうび》プレゼントを買《か》いたいんだ。
ゴボゴボコミック
でも両方《りょうほう》買《か》うにはおこづかいが足《た》りなくて…。
う～む
それは、こまりましたねえ。
あっ！
ひらめいた!!
来月分《らいげつぶん》のおこづかいを今月《こんげつ》もらっちゃえばいいんだよ！
エッ!?
来月《らいげつ》は、おこづかいゼロで生活《せいかつ》するんですか？
ううん、来月《らいげつ》は、その次《つぎ》の分《ぶん》をもらえばいいんだよ。
フフフ
ニヤリ
そうやってもらい続《つづ》ければ、ずーっとおこづかいにこまらないよ。
つぎの月《つき》
来月分《らいげつぶん》、先《さき》にちょうだい。
つぎの月《つき》
来月《らいげつ》の、今《いま》ちょうだい。
あーなるほどねー
アハハー
って、ダメです!!

ズバリ
まあちゃんの答《こた》え
おすすめはできません！なぜなら、それは借金《しゃっきん》と同《おな》じだから。
借金《しゃっきん》!?
えーーっ
おこづかいって借金《しゃっきん》なの？返《かえ》さなくちゃいけないの？
おこづかいが借金《しゃっきん》ということではなく…。
「来月分《らいげつぶん》のおこづかいを前借《まえが》りする」こと、
その考《かんが》えニャ！
それは、未来《みらい》の自分《じぶん》からお金《かね》を借《か》りているということなんです！
未来《みらい》のオレに、オレが借金《しゃっきん》している…。
ヒヒヒ
未来《みらい》の自分《じぶん》、金貸《かねか》してくれよー。
そんなことをしていたら、大人《おとな》になってもお金《かね》の管理《かんり》ができるようにはなりません！
お金《かね》ない…借《か》りに行《い》けばいいか。
ヒボ
ヒボ…
こんな未来《みらい》やだよ〜
おこづかいは、ご家族《かぞく》が働《はたら》いてかせいだ大切《たいせつ》なお金《かね》です。前借《まえが》りしないでやりくりしてみましょうね。
やりくり術《じゅつ》は、この先《さき》で説明《せつめい》するニャ。

前借《まえが》りしないで、やりくりする方法《ほうほう》は？

❶ほしいものの優先順位《ゆうせんじゅんい》を考《かんが》える

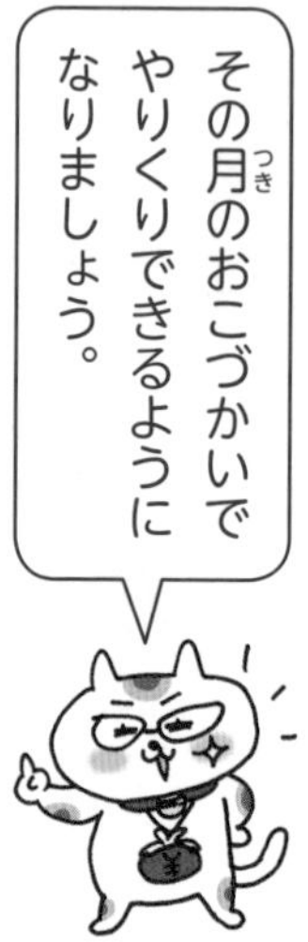
その月《つき》のおこづかいでやりくりできるようになりましょう。

ゴボゴボコミック
よし！
誕生日《たんじょうび》プレゼントは、絶対《ぜったい》に今月《こんげつ》あげたいなあ。

❷お金《かね》が足《た》りないときのために、お年玉《としだま》や特別《とくべつ》にもらったおこづかいなどを貯金《ちょきん》しておく

親《しん》せきの人《ひと》にもらったお年玉《としだま》やおこづかいは、貯金《ちょきん》の仕方《しかた》を相談《そうだん》してみるといいですね。
おこづかいだよ。
ありがとう！

❸おうちの人《ひと》に交渉《こうしょう》してみる

どうしても必要《ひつよう》なものならば、説得力《せっとくりょく》のある理《り》由《ゆう》を考《かんが》えて、交《こう》渉《しょう》してみてください。
プレゼントを買《か》いたいから、200円《えん》多《おお》くください。
いつもよりたくさんお手伝《てつだ》いをします！

おこづかい相談室《そうだんしつ》 ❸

お金《かね》をコピーしてふやしちゃおう！

相談者《そうだんしゃ》：コウくん

まあちゃん、聞《き》いて！
イヒヒヒ……
なんだか、悪《わる》い顔《かお》ニャ…。
オレ、かんたんにお金《かね》持《も》ちになる方法《ほうほう》を、思《おも》いついちゃったよ。
ヒソヒソ
いやな予感《よかん》しかしませんニャ。
この1枚《まい》のお札《さつ》を…。
コピーしてふやしちゃえばいいんだ!!
ガーッ
10000
コピー機《き》
ダメダメダメーッ
ドー
うわあっ
コピー機《き》

まあちゃんの答《こた》え
NO
ぜ〜ったいにダメ!! それは犯罪《はんざい》です!
ニセ札《さつ》を作《つく》ってつかうつもりなら、通貨偽造罪《つうかぎぞうざい》という、とっても重《おも》い罪《つみ》になりますよ!
タイホする!
はははは、犯罪《はんざい》なの!?
そして、お札《さつ》はコピーできないしくみになっています。
あまいです! そんなにかんたんにはいかないニャン!
家《いえ》のプリンタや、コンビニのコピー機《き》でできそうだけど…。
あらゆるコピー機《き》は、お札《さつ》がコピーできないようになっています。
お金《かね》をコピーしようとすると、ブザーが鳴《な》ったりすることもありますからね。
なに なに!?
わかったニャ〜〜
しません、しませーん!!

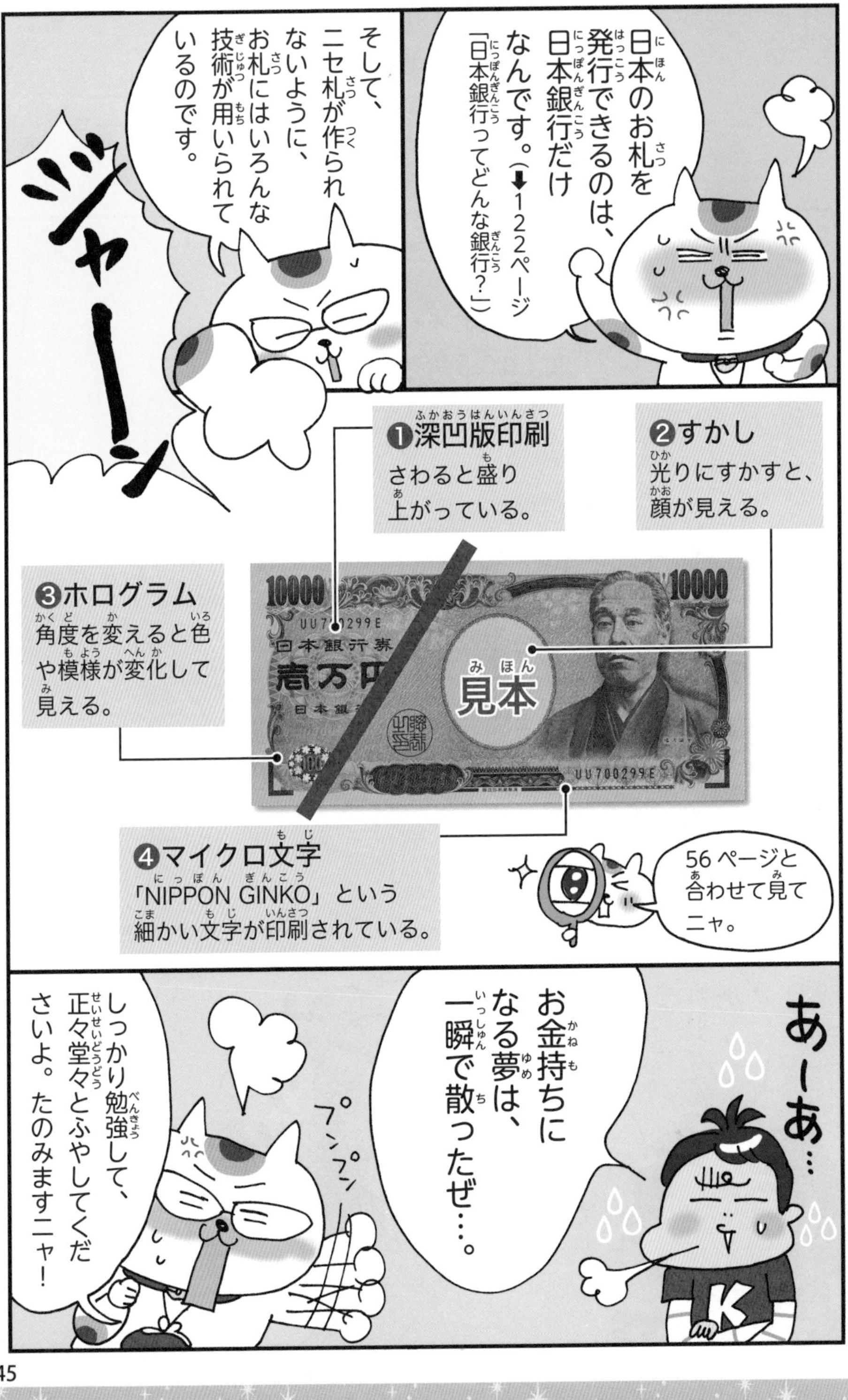

日本《にほん》のお札《さつ》を発行《はっこう》できるのは、日本銀行《にっぽんぎんこう》だけなんです。（⬇122ページ「日本銀行《にっぽんぎんこう》ってどんな銀行《ぎんこう》?」）
そして、ニセ札《さつ》が作《つく》られないように、お札《さつ》にはいろんな技術《ぎじゅつ》が用《もち》いられているのです。
ジャーン
❶深凹版印刷《ふかおうはんいんさつ》
さわると盛《も》り上《あ》がっている。
❷すかし
光《ひか》りにすかすと、顔《かお》が見《み》える。
❸ホログラム
角度《かくど》を変《か》えると色《いろ》や模様《もよう》が変化《へんか》して見《み》える。
10000
UU700299E
日本銀行券
壱万円
見本《みほん》
10000
UU700299E
❹マイクロ文字《もじ》
「NIPPON《にっぽん》 GINKO《ぎんこう》」という細《こま》かい文字《もじ》が印刷《いんさつ》されている。
56ページと合《あ》わせて見《み》てニャ。
あーあ…
お金持《かねも》ちになる夢《ゆめ》は、一瞬《いっしゅん》で散《ち》ったぜ…。
プンプン
しっかり勉強《べんきょう》して、正々堂々《せいせいどうどう》とふやしてくださいよ。たのみますニャ!

おこづかい相談室《そうだんしつ》④

小学生《しょうがくせい》でもアルバイトできるの？

相談者《そうだんしゃ》：れいちゃん

まあちゃん、子《こ》どもは働《はたら》いちゃいけないのかしら？
おや、どうしたんですか？れいちゃんも、おこづかいが足《た》りないことがあるんですか？
一度《いちど》、自分《じぶん》で働《はたら》いてお金《かね》をかせいでみたいんですの。
なるほどニャ。
れいの家《いえ》は、超《ちょう》セレブなんだから、働《はたら》く必要《ひつよう》なんてないじゃん。
は〜
何《なに》を言《い》ってるの？うちはお金持《かねも》ちだけど、わたしがお金持《かねも》ちなわけじゃないのよ！
キリッ
うわっ、れいちゃんかっけー！

ズバリ、お答《こた》えします！
まあちゃんの答《こた》え
小学生《しょうがくせい》や中学生《ちゅうがくせい》が働《はたら》くことは法律《ほうりつ》で禁止《きんし》されています。
※ただし、例外《れいがい》あり！
ダメニャ！
小学生《しょうがくせい》は、基本的《きほんてき》には働《はたら》けません。
それは、学業《がくぎょう》が最優先《さいゆうせん》だからです。
でも、テレビに出《で》てる子《こ》や、モデルをやってる子《こ》もいるよね。
こんにちは
子役《こやく》のあいさんです
それが、例外《れいがい》ということですの？
そうです。芸能《げいのう》（映画《えいが》や演劇《えんげき》）の世界《せかい》で子役《こやく》として働《はたら》くことは、例外的《れいがいてき》にみとめられているんですニャ。
※中学生《ちゅうがくせい》は、新聞配達《しんぶんはいたつ》などの仕事《しごと》もみとめられています。
だから、子役《こやく》として働《はたら》けば、もちろん報酬《ほうしゅう》としてお金《かね》を受《う》け取《と》れます。
人気《にんき》モデルれいさんの登場《とうじょう》です!!
キャーれいー
キャー
そうなのね…うふふ…
でも、芸能《げいのう》の世界《せかい》で働《はたら》くのは特殊《とくしゅ》なことです。かんたんにはできないので、ほぼ、働《はたら》けないと思《おも》っていてください。
ガーン
おじい様《さま》の会社《かいしゃ》の製品《せいひん》のCM《シーエム》モデルならできるかしら…。
さすが、セレブ…！
スゲー

おこづかい相談室《そうだんしつ》 5

貯金《ちょきん》なんかしないでつかっちゃいたい！

相談者《そうだんしゃ》：さやかさん

ねえ、まあちゃん。貯金《ちょきん》ってやっぱりしたほうがいいの？
さやかちゃんは貯金《ちょきん》してないニャン？
うん！実《じつ》は…ゼロ！
テヘッ♥
うちは、おだちん制《せい》でお手伝《てつだ》いが1回《かい》20円《えん》なの。
お手伝《てつだ》いをがんばっているんですね！
エライ
とうとう330円《えん》たまった!!
あのキラキラペンが買《か》える！
やったー!! キラキラのレインボーバージョンゲット!!
キャハ♥
がんばったごほうびー!!
ほしいものが買《か》える金額《きんがく》になると、つい、つかっちゃうんだよね～。
エヘ
使《つか》う前《まえ》に少《すこ》し考《かんが》えるニャー！
ズバリ、言《い》いますと…。

まあちゃんの答《こた》え
貯金《ちょきん》をしてください！
は、はいっ
貯金《ちょきん》は、自分《じぶん》を守《まも》るためのものです！
さやか まかせとけ！
オレらがさやかを守《まも》る!!
ええっ!!
お金《かね》がわたしを守《まも》ってくれるの？
そうです！さやかちゃんはまだ子《こ》どもで、貯金《ちょきん》がなくてもおうちの人《ひと》のお金《かね》で生活《せいかつ》することができます。
しかし！大人《おとな》になったら、自分《じぶん》でかせいだお金《かね》で生《い》きていくのですよ。
お金《かね》がなければ生活《せいかつ》できませんよね？
大人《おとな》のわたし…
さやかの想像図《そうぞうず》
あこがれのパン屋《や》さんになって働《はたら》く日々《ひび》。
しかし、とつぜん！ある日《ひ》、転《ころ》んで
なんと…
骨折《こっせつ》！
そして入院《にゅういん》…。
しばらく働《はたら》けない…どうしよう…。
こんなふうに、もしこまったことが起《お》きても、お金《かね》があれば自分《じぶん》を守《まも》れるんですニャ。それに…
!?
エエッ
まかせて!!
貯金《ちょきん》のお金《かね》くん

貯金《ちょきん》は、人生《じんせい》を豊《ゆた》かにするものでもあります！
好《す》きなことをして楽《たの》しみたい
キャ～
ほしいものを買《か》いたい
かわいい～
おばあちゃんおたんじょう日《び》おめでとう
うれしいわ～
ありがとう
人《ひと》のためにつかいたい
お金《かね》は、こんなふうに自分《じぶん》の人生《じんせい》に役立《やくだ》たせることができるものなんです。貯金《ちょきん》があれば、お金《かね》のつかい道《みち》が広《ひろ》がります。
あっ、わたしは、お金《かね》を貯《た》めてほしいものを買《か》ったとき、幸《しあわ》せ～って思《おも》うよ！
それは、幸《しあわ》せなお金《かね》のつかい方《かた》だと思《おも》いますよ。
では、これからは、つかうためだけでなく、貯《た》めるお金《かね》の分《ぶん》もお手伝《てつだ》いをするようにしてみてはどうでしょう。
うん、やってみる！
大人《おとな》になって、自分《じぶん》でかせいだお金《かね》を貯金《ちょきん》しながら、上手《じょうず》にお金《かね》をつかえるように
今《いま》は、そのための練習《れんしゅう》をするときなんですよ！

突撃《とつげき》！インタビュー❶

8人家族《にんかぞく》のお金事情《かねじじょう》

どうしたら、おこづかいをふやしてもらえるかなあ？
どうやったら、もっと貯金《ちょきん》できるかなあ？
それ、気《き》になりますよね。そんなふたりに、こんな先生《せんせい》を紹介《しょうかい》しちゃうニャン！
フフフ
はじめまして、横山《よこやま》と申《もう》します。わたしの仕事《しごと》はファイナンシャルプランナー（FP《エフピー》）といいまして、かんたんにいうとお金《かね》のスペシャリストです。
横山光昭先生《よこやまみつあきせんせい》
わが家《や》は、一男《いちなん》五女《ごじょ》の8人家族《にんかぞく》なんです。今日《きょう》は、横山家《よこやまけ》の子《こ》どものおこづかいについてお教《おし》えしましょう。
わたし
父《ちち》
母《はは》
長女《ちょうじょ》
次女《じじょ》
三女《さんじょ》
四女《よんじょ》
五女《ごじょ》
長男《ちょうなん》
ジャーン
ということで、紹介料《しょうかいりょう》をいただきます。
いろいろお話《はなし》が聞《き》けますよー
お金《かね》とるんかーい。
ズコー
これで、オレらのおこづかいアップは確実《かくじつ》だな！
よーし、知《し》りたかったことをかたっぱしから聞《き》いちゃおう！

おこづかいは、何才《なんさい》から、いくらわたしていますか？

小学校《しょうがっこう》3年生《ねんせい》からわたしています。3年生《ねんせい》が1か月《げつ》500円《えん》で、毎年《まいとし》100円《えん》ずつ上《あ》がります。必要《ひつよう》なものがふえるので、6年生《ねんせい》は1000円《えん》になります。

お金《かね》のつかい方《かた》についてのルールはありますか？

こづかいは、本人《ほんにん》が自由《じゆう》につかっていいことになっています。横山家《よこやまけ》では、お金《かね》のつかい方《かた》について、毎月《まいつき》〝家族《かぞく》マネー会議《かいぎ》〟というものがあり、そこでいろいろ話《はな》し合《あ》っています。ルールは特《とく》にないですが、お金《かね》は「目的《もくてき》のためにつかう」ことを前提《ぜんてい》としていますね。

家族《かぞく》マネー会議《かいぎ》では、何《なに》を話《はな》すんですか？

家《いえ》の収入《しゅうにゅう》（入《はい》ったお金《かね》）と支出《ししゅつ》（つかったお金《かね》）、家計《かけい》や子《こ》どもたちそれぞれの貯金額《ちょきんがく》の増減《ぞうげん》や、運用《うんよう》（貯金《ちょきん》を元手《もとで》にしてお金《かね》をふやすこと）の成果《せいか》について報告《ほうこく》し合《あ》っています。

わが家《や》では、家計《かけい》から出《だ》すもの、たとえば、電化製品《でんかせいひん》の購入《こうにゅう》などについては、全員《ぜんいん》が賛成《さんせい》しないと買《か》えないことになっているので、買《か》いたいものについて話《はな》し合《あ》ったりもします。

**小学生《しょうがくせい》の子《こ》は、
お金《かね》をどう管理《かんり》しているんですか？**

こづかい以外《いがい》は、それぞれの子《こ》ども名義《めいぎ》の銀行口座《ぎんこうこうざ》に貯金《ちょきん》しています。お年玉《としだま》などは、毎年《まいとし》もらった分《ぶん》から、手元《てもと》に残《のこ》しておきたい金額《きんがく》を本人《ほんにん》に考《かんが》えさせます。おもちゃやゲームなどは、その中《なか》から買《か》うことになっています。残《のこ》り分《ぶん》は貯金《ちょきん》です。小学生《しょうがくせい》ですが、運用《うんよう》もしていますよ。

運用《うんよう》って、子《こ》どもでもできるんですか？

わが家《や》は、投資信託《とうししんたく》をしていますが、子《こ》どもの意見《いけん》を聞《き》きながら、わたしが管理《かんり》しています。やってみたい場合《ばあい》は、おうちの人《ひと》と相談《そうだん》してくださいね。（⬇１０８ページ「貯《た》めたお金《かね》をふやすには？」）

**おこづかいが足《た》りないときは、
貯金《ちょきん》を下《お》ろしてもいいんですか？**

家族《かぞく》マネー会議《かいぎ》で承認《しょうにん》されればいいですが、ちゃんとした理由《りゆう》がないと却《きゃっ》下《か》されますよ。うちは、将来《しょうらい》に必要《ひつよう》なお金《かね》（進学《しんがく》、一人《ひと》ぐらしなど）は自分《じぶん》の貯金《ちょきん》から出《だ》すことになっているので、それを考《かんが》えて今《いま》から貯《た》めているみたいです。

**理由《りゆう》があれば、おこづかいを
値上《ねあ》げしてもらえますか？**

可能性《かのうせい》は十分《じゅうぶん》ありますよ。五女《ごじょ》が3年生《ねんせい》のとき、毎月《まいつき》マンガ雑誌《ざっし》を買《か》いたいと言《い》ったんです。でも、その雑誌《ざっし》は700円《えん》だったので買《か》えませんでした。3年生《ねんせい》のおこづかいは、毎月《まいつき》500円《えん》と決《き》まっていますから。それをどうしても読《よ》みたいからほしいということで、会議《かいぎ》で話《はな》し合《あ》って承認《しょうにん》されました。あのときは、うれしそうでしたね。

みんな、しっかりしていますね。失敗《しっぱい》したことはないんですか？

いやいや、お金《かね》の失敗《しっぱい》はありますよ。これも五女《ごじょ》が3年生《ねんせい》のときなんですが、自分《じぶん》がもらったお年玉《としだま》を、友《とも》だちに配《くば》ってしまったことがありました。あれにはびっくりしましたよ。自分《じぶん》がかせいでいないお金《かね》を他《た》人《にん》に配《くば》ってはいけません！

友《とも》だちの持《も》ってきた一万円《いちまんえん》で、ひたすらガチャをやった子《こ》もいましたね。わたしは、こういった失敗《しっぱい》からお金《かね》の価値《かち》を学《まな》んでいくものだと思《おも》いますが……、他人《たにん》のお金《かね》を自分《じぶん》のもののようにつかうことはいけませんよ。きみたちも、よく覚《おぼ》えておいてくださいね。

横山先生《よこやませんせい》が、子《こ》どものときにしておけばよかったと思《おも》うことはありますか？

実《じつ》は、わたしはずっとお金《かね》のつかい方《かた》がだらしなかったんです。子《こ》どものときも、何《なに》も考《かんが》えずにだらだらとつかうだけでしたね。もし子《こ》どものときの自分《じぶん》に会《あ》えるなら、「これが買《か》いたい」という意識《いしき》を持《も》ってお金《かね》をつかうようにアドバイスしたいです。

お金《かね》持《も》ちになるには、どうしたらいいですか？

どのような状態《じょうたい》を「お金《かね》持《も》ち」と思《おも》うかは人《ひと》それぞれですが…。うちの子《こ》で、急《きゅう》に「バイオリンをひいてみたい」と言《い》った子《こ》がいたんです。会議《かいぎ》では、わが家《や》の家《か》計《けい》からの購入《こうにゅう》は当然却下《とうぜんきゃっか》されます。だから、その子《こ》は自分《じぶん》が貯《た》めたお金《かね》で安《やす》いものを買《か》ったんですが、お金《かね》はこのように「目的《もくてき》をかなえるための手段《しゅだん》」になります。

ただお金《かね》をつかうだけでも、ためるだけでも、人生《じんせい》は豊《ゆた》かにはなりません。「目的《もくてき》」があってこその「手段《しゅだん》」で、お金《かね》はそれをかなえるための「ツール（道具《どうぐ》）」です。

そのことを覚《おぼ》えておいて、貯金《ちょきん》の仕方《しかた》を身《み》につけてください。そうすれば必《かなら》ず、自分《じぶん》に見合《みあ》っただけのお金《かね》を手《て》に入《い》れて、それをうまくつかうことができるようになりますよ。

お金《かね》は、
貯《た》めるだけのもの
でもないし、
つかうだけのもの
でもないという
ことですね。
奥《おく》が深《ふか》いですニャ！

横山光昭《よこやまみつあき》

家計再生コンサルタント。ファイナンシャルプランナー。株式会社マイエフピー代表取締役社長。お金のつかい方そのものを改善する独自の家計再生プログラムで、家計の問題の抜本的解決、確実な再生を目指す。各種メディアへの執筆・公演も多数。近著に、『子どもが 10 歳になったら投資をさせなさい』（青春出版社）、『お金が自然と貯まる超シンプル・ルール』（大和書房）など。

コラム 1

ニセ札防止《さつぼうし》には こんな技術《ぎじゅつ》もつかわれている！

❶特殊発光《とくしゅはっこう》インキ
表《おもて》の印章《いんしょう》（日本銀行総裁《にっぽんぎんこうそうさい》の印《いん》）に紫外線《しがいせん》を当《あ》てると、オレンジ色《いろ》に光《ひか》る。

❸すき入《い》れバーパターン
光《ひかり》にすかすと、３本《ぼん》のたてぼうが見《み》える。

❷超細密画線《ちょうさいみつがせん》
とても細《こま》かくえがかれているので、カラーコピー機《き》や通常《つうじょう》の印刷《いんさつ》では再現《さいげん》できない。

❹パールインキ
お札《さつ》をかたむけると、左右《さゆう》の余白部分《よはくぶぶん》にピンク色《いろ》を帯《お》びたパール光沢《こうたく》のある半透明《はんとうめい》のもようがうかび上《あ》がる。

❻識別《しきべつ》マーク
目《め》の不自由《ふじゆう》な人《ひと》が指《ゆび》でさわってわかるように、深凹版印刷《ふかおうはんいんさつ》によるマークが左右《さゆう》にある。

❺潜像模様《せんぞうもよう》
お札《さつ》をかたむけると、左下《ひだりした》に「10000」の文字《もじ》がうかび上《あ》がる。

大人《おとな》は、働《はたら》かなきゃならないの？

ありがとうございました

PART 2

お金《かね》をかせぐ・お金《かね》をつかう

ヤバイわ〜
わー
今月《こんげつ》も赤字《あかじ》〜!!

働《はたら》くのは何《なん》のため?

大人《おとな》は、働《はたら》かなきゃならないの?
もーアキは子《こ》どもだな!
そりゃ、お金《かね》をかせぐのが大人《おとな》だろ。働《はたら》かないと人生《じんせい》の荒波《あらなみ》を乗《の》りこえていけないぜ。
おこづかいもすぐにつかっちゃうくせに、なんかえらそうだなあ。
へへへー
じゃあ、大人《おとな》に聞《き》いてみましょうか。
ママさーん、パパさーん、どうしておふたりは働《はたら》いているんですか?
へっ!?
もちろん、生活《せいかつ》のためよ。
うん!
お金《かね》がなかったら生《い》きていけないよねえ。
ボクは、働《はたら》いてお金《かね》をかせいで、家族《かぞく》を守《まも》って幸《しあわ》せにしたいからね。住《す》む場所《ばしょ》があって、清潔《せいけつ》なくらしをして、栄養《えいよう》のあるごはんを食《た》べる…。働《はたら》くのは、そんな当《あ》たり前《まえ》に思《おも》えるようなことのためかな。
わたしもパパと同《おな》じかな。家族《かぞく》みんなが、笑顔《えがお》でいてくれることがママの幸《しあわ》せなの。そのためには、働《はたら》いてお金《かね》をかせぐ必要《ひつよう》があるんじゃないかな。
うまい屋《や》

ワタシは、感動《かんどう》しました。おふたりのお言葉《ことば》に…。
って…
父《とう》ちゃん、母《かあ》ちゃん、ありがとう～。
ですですっ。
ボリボリ
バリバリ
ゴロ
ゴロ
マンガ
ちょっと、そこの双子《ふたご》たち！
聞《き》いてるよー。何《なん》か照《て》れくさいんだもんー。
「働《はたら》く」というのは、お金《かね》をかせぐためのほかに、社会《しゃかい》の一員《いちいん》として役目《やくめ》を果《は》たすという一面《いちめん》もありますよ。
どんな仕事《しごと》でも、だれかの役《やく》に立《た》っているのです。それは必《かなら》ず
キラ
キラ
わたしたちは、目《め》に見《み》えなくてもだれかがしてくれた仕事《しごと》のおかげで生《い》きています。反対側《はんたいがわ》から見《み》れば、自分《じぶん》の仕事《しごと》が、だれかを生《い》かしているということなんですニャ！
それとは別《べつ》に、ママさんにはへそくりもありますけどね。
ギッ…
へそくりのことをつっこまれなくてよかったわ…。

とりあえず、お金《かね》がたくさんあるほうが幸《しあわ》せになれるってことだな！
うーむ…。「お金《かね》がたくさんあれば幸《しあわ》せ」とは、ワタシには言《い》いきれません。
それは、**お金《かね》で買《か》えないものがある**からです。家族《かぞく》や友《とも》だち、健康《けんこう》などです。
友《とも》だちは、お店《みせ》に売《う》ってないもんねえ！
でも!! お金《かね》があると選択肢《せんたくし》がふえることは確《たし》かなんですよ。
たとえば…
2万円《まんえん》持《も》っていたら
選《えら》べる数《かず》がへる
A
B
4万円《まんえん》持《も》っていたら
選《えら》べる数《かず》がふえる
A
B
C
D
何《なに》を選《えら》ぶかは、その人《ひと》の自由《じゆう》です。そして、その自由《じゆう》な選択《せんたく》に、お金《かね》は深《ふか》く関《かか》わっているんですニャ。
なるほどー!!

どんな働《はたら》き方《かた》がある?

ボクは将来《しょうらい》、警察官《けいさつかん》になりたいんだ。
オレは、ピカキンみたいな有名《ゆうめい》ユーチューバーになって、じゃんじゃんお金《かね》をかせぎたいぜ!
ヒャッホー
KOU TV
チャンネルとうろくしてね!
ほお、それは楽《たの》しみですねえ。
うん!
ところで、パパさんとママさんがどんな仕事《しごと》をしているか、知《し》っていますか?
父《とう》ちゃんは、金福製菓《きんぷくせいか》の会社員《かいしゃいん》で、営業《えいぎょう》の仕事《しごと》をしてるよ。
母《かあ》ちゃんは…
なんだっけ、あまい屋《や》?
うまい屋
お弁当《べんとう》のうまい屋《や》でパートしてるよ!
そうです、そうです。世《よ》の中《なか》には、たくさんの仕事《しごと》や職業《しょくぎょう》があって、働《はたら》き方《かた》もいろいろあるんです。その一部《いちぶ》を紹介《しょうかい》しますね!

会社員《かいしゃいん》として働《はたら》く（正規雇用《せいきこよう》）

会社員《かいしゃいん》とは、企業《きぎょう》にやとわれて働《はたら》く人《ひと》のことです。企業《きぎょう》が商品《しょうひん》を売《う》ってもうけたお金《かね》が、「給料《きゅうりょう》」として社員《しゃいん》に支払《しはら》われます。給料《きゅうりょう》は、毎月《まいつき》、ほぼ同《おな》じ金額《きんがく》になります。ただし、企業《きぎょう》の業績《ぎょうせき》が悪《わる》いと給料《きゅうりょう》が少《すく》なくなることもあります。そして、長年《ながねん》つとめたり、個人《こじん》のがんばりがみとめられると給料《きゅうりょう》が少《すこ》しずつふえていきます。企業《きぎょう》がたくさんもうかると、年《ねん》に1、2回賞与《かいしょうよ》（ボーナス）が支払《しはら》われる場合《ばあい》があります。

「サラリーマン」とは、給料《きゅうりょう》をもらって生活《せいかつ》をする人《ひと》のことなんですよ。

鉄道会社《てつどうがいしゃ》で電車《でんしゃ》の運転士《うんてんし》をしています。勤務《きんむ》の日《ひ》は、他《ほか》の運転士《うんてんし》と交代《こうたい》しながら始発《しはつ》から終電《しゅうでん》まで働《はたら》きます。

おかしの会社《かいしゃ》で、営業《えいぎょう》の仕事《しごと》をしています。新《あたら》しいおかしを置《お》いてもらえるように、スーパーなどに売《う》りこみをします。

アルバイトやパートとして働《はたら》く（非正規雇用《ひせいきこよう》）

アルバイトやパートは、会社《かいしゃ》やお店《みせ》などにやとわれて、曜日《ようび》や時間《じかん》を決《き》めて働《はたら》く人《ひと》のことです。会社《かいしゃ》やお店《みせ》がもうけたお金《かね》が、「給料《きゅうりょう》」として支払《しはら》われます。多《おお》くは、「1時間《じかん》で○○円《えん》」という時給制《じきゅうせい》で、働《はたら》く時間《じかん》を個人《こじん》の都合《つごう》で選《えら》べます。働《はたら》いた分《ぶん》がそのまま給料《きゅうりょう》になるので、給料《きゅうりょう》の金額《きんがく》が毎月《まいつき》変《か》わります。

近所《きんじょ》のうまい屋《や》というお弁《べん》当屋《とうや》さんで、週《しゅう》に4日《よっか》、10時《じ》から14時《じ》まで働《はたら》いています。時給《じきゅう》は１１００円《えん》です。
コロッケあげたてでーす
たとえば、「時給《じきゅう》が１０００円《えん》」なら、10時《じ》間《かん》働《はたら》くと１万円《まんえん》の給料《きゅうりょう》を受《う》け取《と》ることになりますよ。
ありがとうございました
大学生《だいがくせい》になって、アルバイトを始《はじ》めたんだ。ファミレスで週《しゅう》に3日《みっか》。17時《じ》～22時《じ》まで、時給《じきゅう》１１５０円《えん》で働《はたら》いているよ。

公務員《こうむいん》として働《はたら》く

公務員《こうむいん》とは、国《くに》や都道府県《とどうふけん》、市町村《しちょうそん》などで、社会《しゃかい》や人々《ひとびと》のために働《はたら》く人《ひと》のことです。給料《きゅうりょう》は、人々《ひとびと》がおさめた税金《ぜいきん》から職員《しょくいん》に支払《しはら》われ、毎《まい》月《つき》ほぼ同《おな》じ金額《きんがく》になります。長年《ながねん》つとめたり、個人《こじん》のがんばりがみとめられると、毎月《まいつき》の給料《きゅうりょう》が少《すこ》しずつふえていきます。給料《きゅうりょう》とは別《べつ》に賞《しょう》与《よ》（ボーナス）も支払《しはら》われます。

わたしは市役所《しやくしょ》で働《はたら》いています。今《いま》は、市《し》の観光《かんこう》に関《かか》わる仕事《しごと》をしていますよ。
こちらはコスモス畑《ばたけ》がきれいですよ！
も
も
○○市ゆるキャラもんもん

救命救急士《きゅうめいきゅうきゅうし》

公立病院《こうりつびょういん》の医師《いし》

公立学校《こうりつがっこう》の先生《せんせい》

警察官《けいさつかん》

政治家《せいじか》

裁判官《さいばんかん》

自衛官《じえいかん》

消防士《しょうぼうし》

自分《じぶん》で会社《かいしゃ》やお店《みせ》を作《つく》って働《はたら》く（自営業《じえいぎょう》 会社経営《かいしゃけいえい》）

会社《かいしゃ》やお店《みせ》などを自分《じぶん》たちで作《つく》って経営《けいえい》する人《ひと》もいます。自営業《じえいぎょう》や会《かい》社経営《しゃけいえい》では、ものやサービスなどの、商品《しょうひん》を売《う》ることでもうけたお金《かね》から収入《しゅうにゅう》を得《え》ていて、商品《しょうひん》の売《う》れゆき次第《しだい》で収入《しゅうにゅう》が変化《へんか》します。また、会社《かいしゃ》やお店《みせ》で従業員《じゅうぎょういん》をやとっている場合《ばあい》は、会社《かいしゃ》やお店《みせ》の収入《しゅうにゅう》から、その人《ひと》たちへの給料《きゅうりょう》を支払《しはら》います。

フラワーショップ
ハナ
わたしたちは、町《まち》の花屋《はなや》として40年間《ねんかん》お店《みせ》を続《つづ》けてきましたよ。お店《みせ》はふたりでやっています。

□△建設《けんせつ》
建設会社《けんせつがいしゃ》を経営《けいえい》しています。祖父《そふ》が作《つく》った会社《かいしゃ》を受《う》けついで、今《いま》、わたしが社長《しゃちょう》をしているんです。

会社《かいしゃ》などにやとわれないで働《はたら》く（個人事業主《こじんじぎょうぬし》 フリーランス）

個人《こじん》の才能《さいのう》や技術《ぎじゅつ》、サービスなどの商品《しょうひん》を売《う》ってお金《かね》をかせぐ働《はたら》き方《かた》です。会社員《かいしゃいん》や公務員《こうむいん》のように、毎月《まいつき》の決《き》まった収入《しゅうにゅう》があるわけではないので、生活《せいかつ》が安定《あんてい》しないこともあります。しかし、自分《じぶん》のがんばりしだいで収入《しゅうにゅう》をふやすことが可能《かのう》です。また、税金《ぜいきん》の支払《しはら》いなどのお金《かね》の管理《かんり》を自分《じぶん》で考《かんが》える必要《ひつよう》があります。

デザイナー

動画《どうが》クリエイター
（YouTuber《ユーチューバー》など）

作家《さっか》

カメラマン

棋士《きし》

ミュージシャン

画家《がか》

芸能人《げいのうじん》
（俳優《はいゆう》、タレントなど）

そして、同《おな》じ職業《しょくぎょう》でも、働《はたら》き方《かた》がちがうことがあるんですよ。
えっ、どういうこと？
たとえば、この「カメラマン」の働《はたら》き方《かた》を見《み》てみましょう。
報道《ほうどう》カメラマン（新聞社《しんぶんしゃ》の社員《しゃいん》）
スポーツカメラマン（フリーランス）
町《まち》の写真《しゃしん》屋《や》さん（自営業《じえいぎょう》）
芸術写真《げいじゅつしゃしん》家《か》（フリーランス）
同《おな》じ仕事《しごと》なのに、内容《ないよう》も働《はたら》き方《かた》もぜんぜんちがうね。
オレは、スポーツカメラマンをやってみたいぜ。
有名《ゆうめい》選《せん》手《しゅ》のサインもらえそうだもん！
こんなふうに、会社《かいしゃ》にやとわれたり、自分《じぶん》でお店《みせ》を経《けい》営《えい》したり、やとわれないで活動《かつどう》したり、働《はたら》き方《かた》がいろいろあるんですよ。

お金《かね》をかせぐなら、収入《しゅうにゅう》のいい職業《しょくぎょう》？

今後《こんご》もがんばります！
楽園《らくえん》ビーグルスの田中選手《たなかせんしゅ》が、来季《らいき》の契約《けいやく》を年俸《ねんぽう》6億《おく》5千万円《せんまんえん》でサインしました！
まあちゃん、年俸《ねんぽう》って何《なん》なの？
来年《らいねん》一年間《いちねんかん》に支払《しはら》われる金額《きんがく》ですよー。
一年《いちねん》で
6・億
5・千・万・円
エーー
すごい金額《きんがく》ですよね！それだけ力《ちから》をみとめられているということです。
その代《か》わり、成績《せいせき》が悪《わる》ければ、年俸《ねんぽう》がぐーんと下《さ》がることもあります。
スポーツによっては、若《わか》くないとできないものもありますから、会社《かいしゃ》に勤《つと》めるのとはまったくちがう働《はたら》き方《かた》になりますね。
プロの世界《せかい》はきびしいんです
かせぐのって大変《たいへん》なんだな…。

オレも収入《しゅうにゅう》が多《おお》い職業《しょくぎょう》がいいな！
それも選《えら》び方《かた》のひとつですね。
でもボク、スポーツが得意《とくい》なわけじゃないし、野球選手《やきゅうせんしゅ》にはなれなさそう…。
はっ
そういえばオレも！
いま10才《さい》のきみたちにおすすめしたいのは、これです！
●好《す》きなことを見《み》つける
●自分《じぶん》に向《む》いていることを見《み》つける
●得意《とくい》なことを見《み》つける
●がんばれることを見《み》つける
こんなところから、将来《しょうらい》どんな仕事《しごと》をしたいかのヒントが見《み》つかると思《おも》いますよ！
ヒント
!?
発見《はっけん》
ところでさ…
父《とう》ちゃんたちのお給料《きゅうりょう》って、いくらぐらいなのかな？
ヒソ
ヒソ
まあちゃんは知《し》ってるんじゃない。

わが家《や》の家計簿《かけいぼ》、大公開《だいこうかい》!!

今月《こんげつ》は、これでよしっと！あとはレシートを…
カシャ
母《かあ》ちゃん、何《なに》してるの？
家計簿《かけいぼ》をつけてるのよ。
あれ!?
ああっ、まちがって消《け》しちゃった!!
何《なん》だか大変《たいへん》そう…。
家計簿《かけいぼ》って何《なに》？
まあちゃん助《たす》けて
家計簿《かけいぼ》は、おこづかい帳《ちょう》の家族版《かぞくばん》です。1か月《げつ》の間《あいだ》に、家《いえ》にどれだけお金《かね》が入《はい》ってきて、何《なに》につかったか、いくら貯金《ちょきん》したかなどを記録《きろく》するんです。
へーっ!!
見《み》たい!!
はっ!!
いやよ、お給料《きゅうりょう》がばれちゃうじゃない。
おうちのお金《かね》のつかい方《かた》を子《こ》どもたちが知《し》っておくのはいいことですよ。
はずかしいなぁ～～
ほんとに～？
はい。ママさんの家計簿《かけいぼ》はしっかりしています！

うお～、父《とう》ちゃんたちの給料《きゅうりょう》、初《はじ》めて知《し》った！
大人《おとな》って、すごいんだなあ。

ジャジャーン！ 山梨家《やまなしけ》の家計簿《かけいぼ》はこれだ！

今月《こんげつ》も黒字《くろじ》よ！

よっ、ママは、家計《かけい》のやりくり日本一《にほんいち》！

収入《しゅうにゅう》（かせいだお金《かね》）	金額《きんがく》
パパ給料《きゅうりょう》	266,000円《えん》
ママ給料《きゅうりょう》	70,400円《えん》
収入合計《しゅうにゅうごうけい》	336,400円《えん》
支出《ししゅつ》（つかったお金《かね》）	**金額《きんがく》**
食費《しょくひ》	56,814円《えん》
外食《がいしょく》	10,746円《えん》
住宅《じゅうたく》ローン	80,000円《えん》
水道《すいどう》・電気《でんき》・ガス代《だい》	20,184円《えん》
携帯代《けいたいだい》	18,774円《えん》
日用品《にちようひん》	8,123円《えん》
衣料品《いりょうひん》	6,728円《えん》
教育費《きょういくひ》	10,092円《えん》
保険医療《ほけんいりょう》	6,364円《えん》
車《くるま》	18,776円《えん》
おこづかい（パパ・ママ・アキ・コウ）	31,000円《えん》
娯楽《ごらく》	10,633円《えん》
その他《た》	26,184円《えん》
貯金《ちょきん》	30,000円《えん》
支出合計《ししゅつごうけい》	334,418円《えん》
来月《らいげつ》にくりこし	1,982円《えん》

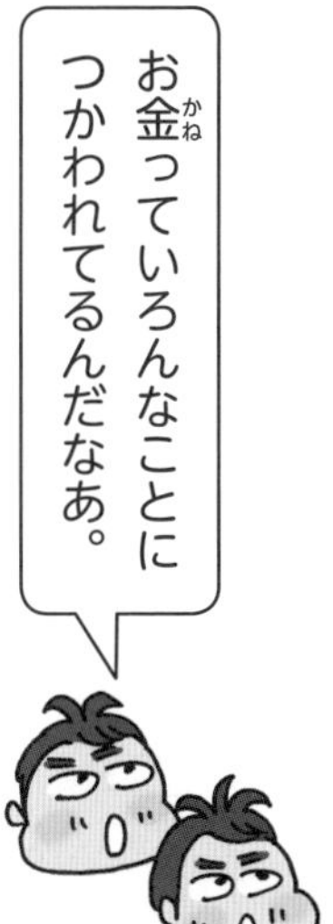

お金《かね》っていろんなことにつかわれてるんだなあ。

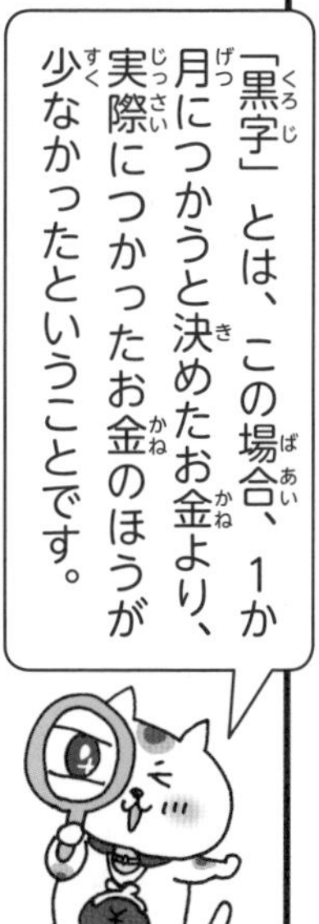

「黒字《くろじ》」とは、この場合《ばあい》、1か月《げつ》につかうと決《き》めたお金《かね》より、実際《じっさい》につかったお金《かね》のほうが少《すく》なかったということです。

（株）マイエフピー提供

はっ
ねえ、この住宅《じゅうたく》ローンって何《なに》?
金額《きんがく》も大《おお》きい…
この家《いえ》を買《か》ったときにね、銀行《ぎんこう》からお金《かね》を借《か》りたんだ。それを毎月返《まいつきかえ》しているんだよ。
大《おお》きい買《か》い物《もの》だったものねー
えっ
つまり、借金《しゃっきん》!? 早《はや》く返《かえ》さなきゃ。
毎月計画《まいつきけいかく》どおりに返済《へんさい》しているからだいじょうぶよ。
安心《あんしん》して!
でも、なるべく節約《せつやく》して早《はや》く返《かえ》さないと!
おう、そうだよな。
この中《なか》でへらせそうなものは…母《かあ》ちゃんたちのおこづかいだ!
そうだな、母《かあ》ちゃんと父《とう》ちゃんのおこづかいをへらそう!
ガーン
まあちゃん助《たす》けて〜〜〜!!
その前《まえ》に、みなさんでできることはないですか?
電気《でんき》や水道《すいどう》などの光熱費《こうねつひ》の節約《せつやく》はどうでしょう?

きみの家《いえ》では、どんなことにお金《かね》をつかっているかな？

きみの家《いえ》では、生活《せいかつ》のどんなことにお金《かね》をつかっているかな？　下《した》のリストを見《み》ながら考《かんが》えてみましょう。

＿＿＿＿＿家《け》の支出《ししゅつ》チェックリスト

☐ 家賃《やちん》

☐ 保険料《ほけんりょう》

☐ 税金《ぜいきん》

☐ 貯金《ちょきん》

☐ 光熱費《こうねつひ》
(水道《すいどう》・ガス・電気《でんき》)

☐ 通信費《つうしんひ》
(インターネット・携帯《けいたい》)

☐ 医療費《いりょうひ》（病院《びょういん》・薬《くすり》）

☐ 食費《しょくひ》（外食費《がいしょくひ》）

☐ 雑貨代《ざっかだい》
(洗剤《せんざい》や電球《でんきゅう》など)

☐ 洋服代《ようふくだい》

☐ クリーニング代《だい》

☐ 家電代《かでんだい》

☐ 新聞代《しんぶんだい》

☐ 習《なら》い事代《ごとだい》

☐ 自動車代《じどうしゃだい》
(ローン、駐車場代《ちゅうしゃじょうだい》など)

☐ 娯楽費《ごらくひ》
(お出《で》かけ・旅行《りょこう》など)

☐ 寄付《きふ》

☐ お祝《いわ》い・プレゼント代《だい》

☐ 家族《かぞく》への仕送《しおく》り

☐ ペットの病院《びょういん》・えさ代《だい》

☐ おこづかい

うちの住宅《じゅうたく》ローンは、「家賃《やちん》」みたいなものだね。

あっ、ボク、この前《まえ》、病院《びょういん》行ったなぁ。

《保護者のかたへ》お子さまが疑問を持つ項目があれば、71 ページの家計簿例を見ながら、その費用がどんなものなのかを教えてあげてください。

お金《かね》のつかい方《かた》のくせを知《し》って、むだをなくそう

ヤバイわ〜〜!
わー
今《こん》月《げつ》も赤《あか》字《じ》〜!!
昨日《きのう》さ、ママが「今月《こんげつ》も赤字《あかじ》だ」ってさわいでたよ。
赤字《あかじ》って何《なん》だ？
K
うーん、いいことじゃなさそうだったな。
家《か》計《けい》簿《ぼ》
ヤバイオーラただよってたよ…
赤字《あかじ》とは、黒字《くろじ》の反対《はんたい》(⬇71ページ)ですニャ。
まあちゃん!!
ぬっ
1か月《げつ》でつかうと決《き》めた金額《きんがく》よりも、多《おお》くつかってしまった…つまり、お金《かね》が足《た》りなかったということです。
えっ…ダメじゃん！うち、大丈夫《だいじょうぶ》!?
さやかちゃん、お金《かね》のつかい方《かた》をチェックすることで、赤字《あかじ》から黒字《くろじ》に変《か》えることができるかもしれませんよ。
買《か》い物《もの》のレシートを見《み》て何《なに》にお金《かね》を使《つか》ったかチェックするだけです

つかったお金《かね》が次《つぎ》のどれに当《あ》てはまるかを考《かんが》えるんです。
1 消費《しょうひ》
生《い》きるために必要《ひつよう》なものにかかるお金《かね》
家賃《やちん》・食費《しょくひ》・水道代《すいどうだい》など
2 投資《とうし》
自分《じぶん》の成長《せいちょう》のためにつかうお金《かね》
習《なら》い事代《ごとだい》・新聞代《しんぶんだい》・貯金《ちょきん》など
3 浪費《ろうひ》
むだづかいをしてしまったと思《おも》うお金《かね》
買《か》わなくてよかったマンガ・必要《ひつよう》なかったペンなど
この中《なか》から、「浪費《ろうひ》」に当《あ》たるお金《かね》をへらしていくんです。
ゼロにしなくてもいいですけどね
まずは、どんなむだづかいをしているかを知《し》ることが大事《だいじ》なんですよ。
そうすると、お金《かね》を大事《だいじ》につかえるようになっていきます。
フッフッフ
ぎっしり
これ、うちのママにも教《おし》えてあげてよー。
いいですよ。出張代《しゅっちょうだい》はさやかちゃんママからいただきますね。
まいどあり〜♪
ちなみに、おこづかいでも同《おな》じことです。
むだづかいの多《おお》いコウくんにも、おすすめですよ。
ギクー
ウっっ
みなさんが将来《しょうらい》、いいお金《かね》のつかい方《かた》ができるように、ワタシは願《ねが》っておりますよ。
じゃ、さやかちゃんママのところへいってまいりまーす!
ピュ〜
まあちゃんとんでる!!

ゲームソフト、どこで買《か》ったらおトク？

やったー!!
ついにゲームソフトを買《か》うお金《かね》が貯《た》まったぞ!!
すげー!!
天才《てんさい》!!
よくコツコツ貯《た》めましたね。
マジで尊敬《そんけい》する!!
エライ!!
いくつかのお店《みせ》を調《しら》べて、値段《ねだん》などを比《くら》べてみるといいですよ。
ボンキボーテ
ビックリカメラ
今回《こんかい》は、アキくんが目標額《もくひょうがく》に達《たっ》したことをたたえて大《だい》サービス!! ワタシが無料《むりょう》で調《しら》べてまいりまーす。
ニャワッチ!!
シュー
エッ!?
調《しら》べてきましたニャ♡
シュ
はやっ!!

1 ネットショップで買《か》う

ポチ
注文《ちゅうもん》!

新品《しんぴん》　5,830円《えん》
送料《そうりょう》　550円《えん》

安《やす》くて信頼《しんらい》できるショップをさがしましょう。注文《ちゅうもん》をするときは、おうちの人といっしょに!

注意《ちゅうい》ポイント

- 送料《そうりょう》をたしかめる。
  ※送料《そうりょう》を合《あ》わせると、高《たか》くなることもあるので注意《ちゅうい》!
- 実物《じつぶつ》を見《み》て買《か》えないので、商品《しょうひん》がとどくまで安心《あんしん》できない。
- 個人情報《こじんじょうほう》（名前《なまえ》、住所《じゅうしょ》、電話番号《でんわばんごう》など）を入力《にゅうりょく》しないといけない。

おすすめポイント

- お店《みせ》に行《い》かないでも買《か》える。
- 価格《かかく》が安《やす》いことが多《おお》い。

《保護者のかたへ》インターネットショップには、模倣品を売る詐欺サイトや、本物そっくりのコピーサイトなども存在します。購入店を決める時はお子さまについてあげてください。

送料《そうりょう》と合《あ》わせて６３８０円《えん》かあ。いま６５００円《えん》貯《た》まってるから、１２０円《えん》残《のこ》るね!
お店《みせ》に行《い》かないで買《か》えるなんて便利《べんり》～。早《はや》く買《か》っちゃおうぜ。
待《ま》ってください。ほかのお店《みせ》とも比《くら》べてみてくださいよ。

❷ となりの町《まち》の家電量販店《かでんりょうはんてん》で買《か》う

ソルダの伝説《でんせつ》
大人気《だいにんき》ゲーム
うわー
いらっしゃいませ

新品《しんぴん》　6,490円《えん》

ビックリカメラ
パパさんに、車《くるま》で連《つ》れていってもらいましょう。

注意《ちゅうい》ポイント

- お店《みせ》に行《い》く時間《じかん》とお金《かね》がかかる。
- お店《みせ》の営業時間《えいぎょうじかん》が決《き》まっている。

おすすめポイント

- 実物《じつぶつ》を見《み》て買《か》える。
- お店《みせ》の人《ひと》に商品《しょうひん》についての説明《せつめい》を聞《き》くことができる。
- お店《みせ》のお得《とく》なキャンペーンなどを教《おし》えてもらえる。

6490円《えん》、ネットショップより110円《えん》も高《たか》いよ!
アレ!?
だろー。安《やす》くて便利《べんり》なネットショップがいいよ。
じゃ、そういうことで…
はやくゲームをアキに借りてやりたい人
6490円
選択肢《せんたくし》はまだありますよ!
中古品《ちゅうこひん》って知《し》っていますか?
新品《しんぴん》よりも安《やす》い値段《ねだん》で買《か》えますよ。

3 近所《きんじょ》の中古《ちゅうこ》ショップで買《か》う

ゲーム DVD《ディーブイディー》
中古《ちゅうこ》 グオ

中古《ちゅうこ》　4,400円《えん》

近《ちか》くなら自転車《じてんしゃ》で買《か》いに行《い》けますね。

注意《ちゅうい》ポイント

- 中古品《ちゅうこひん》なので、よごれや不具合《ふぐあい》があるかもしれない。
- 新品《しんぴん》で買《か》ったときの特典《とくてん》（カードがついているなど）がない。

おすすめポイント

- 中古品《ちゅうこひん》なので、安《やす》く買《か》える。
- 近所《きんじょ》だとすぐに買《か》いに行《い》ける。
- 実物《じつぶつ》を見《み》て買《か》える。

中古《ちゅうこ》って安《やす》いな！ 4400円《えん》なら、2100円《えん》も残《のこ》るよ。
これがいいじゃん!!
本当《ほんとう》だね。でも、角《かど》がちょっとつぶれてるなあ。
どうしよう…
どこで買《か》えばいいのか、なやむ～。
うーん
長《なが》くかかりそうだな…。

オレは、ほしいと思《おも》ったらすぐ買《か》っちゃうから、比《くら》べることなんてないぜー。
パパッときめちゃうんだ!!
えっ!!
そういう直感《ちょっかん》で買《か》うのも悪《わる》くはないですが、少《すく》ないおこづかいを大切《たいせつ》にしてくださいよ。
特《とく》に金額《きんがく》が大《おお》きいものを買《か》うときは、しんちょうにですよ！
わかったよ…。
こんなふうに考《かんが》えてみてくださいね。
●値段《ねだん》は？
●品質《ひんしつ》は？
●買《か》い物《もの》の便利《べんり》さは？
よし!!
決《き》めた!!
せっかく貯《た》めたお金《かね》だから、お店《みせ》で新品《しんぴん》を見《み》てから買《か》うよ。

買《か》い物《もの》って、意外《いがい》と大変《たいへん》なんだね。
!?
買《か》いものクエスト
▶ススム
▶カウ
▶カンガエル
▶カウ
でも、どこで買《か》えばお得《とく》かは、ふだんから考《かんが》えているものですよ。
特売《とくばい》
チラッ
ママだって、考《かんが》えてるわよー。食費《しょくひ》は節約《せつやく》しやすいところだしね。
エッヘン
たくさん買《か》うときは、スーパー
24
買《か》いわすれたときは、コンビニ
思《おも》いきっていいものを買《か》うときは、デパート
ママさん、さすが！それをコストパフォーマンスと言《い》いますニャ。
※費用《ひよう》と、それによって得《え》られるものの割合《わりあい》のこと。
コスパ
みなさんも、どこで買《か》うとお得《とく》かを考《かんが》える習慣《しゅうかん》をつけましょうね。
そして、お金《かね》を大切《たいせつ》にして、いいお買《か》い物《もの》ができるようになりましょう。

キャッシュレス決済《けっさい》って何《なに》?

カードでお願《ねが》いします
いいなー
出《で》た、父《とう》ちゃんのまほうのカード!!
いいな
ヒュウガが持《も》ってる電子《でんし》マネーと同《おな》じかなあ。
父《とう》ちゃん、オレにもそのカードくれよ。
これは、クレジットカード。子《こ》どもはつかえないよ。
電子《でんし》マネーとどうちがうの?
カードにもいろいろあるのか
帰《かえ》ってまあちゃんに教《おし》えてもらおうよ。
ただいまー
まあちゃん、まほうのカードのこと知《し》ってるでしょ。教《おし》えて!
まほう?
お教《おし》えしましょう。お代《だい》はパパさん、お願《ねが》いしますね。
まいどあり!
エッ
クレジットカードや電子《でんし》マネーなど、現金《げんきん》以外《いがい》で支払《しはら》いをすることをキャッシュレス決済《けっさい》といいます。

1 クレジットカード

利用可能額内《りようかのうがくない》の金額《きんがく》であれば、カード1枚《まい》で買《か》い物《もの》ができます。社《しゃ》会的信用《かいてきしんよう》のある大人《おとな》が持《も》てるカードです。

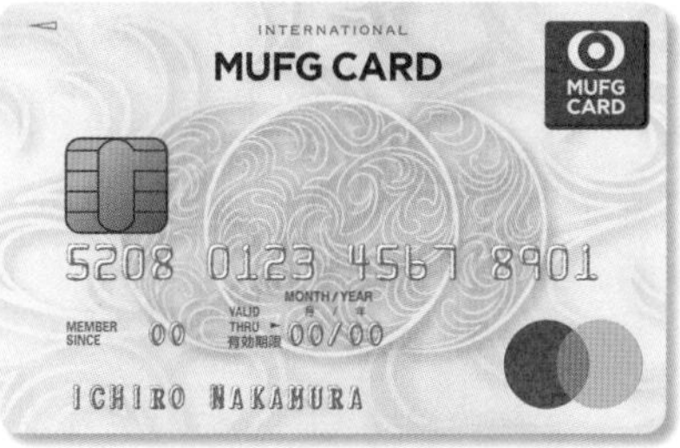
INTERNATIONAL
MUFG CARD
MUFG CARD
5208 0123 4567 8901
MEMBER SINCE 00
MONTH/YEAR
VALID THRU 有効期限 00/00
ICHIRO NAKAMURA

《保護者のかたへ》満18才以上から申し込みが可能（未成年の場合は親権者の同意が必要）です。

クレジットカードのしくみ

❶会計《かいけい》のときに、カードを出《だ》す。

❷暗証番号《あんしょうばんごう》を入力《にゅうりょく》するなどして、専用《せんよう》の機械《きかい》に情報《じょうほう》を送《おく》る。

❸カード会社《がいしゃ》が一時的《いちじてき》に商品《しょうひん》の代金《だいきん》を払《はら》ってくれる。

❹後日《ごじつ》、カードで買《か》った品物《しなもの》の代金《だいきん》が、自分《じぶん》の銀行口座《ぎんこうこうざ》からカード会社《がいしゃ》に支払《しはら》われる。

OK!
BANK

クレジットカードって、つかってみてどうですか？
ついつかいすぎちゃって、支払《しはら》い金額《きんがく》にびっくりしたことがあります！
お金《かね》の管理《かんり》がしやすくて、便利《べんり》だよ。買《か》い物《もの》でポイントがつくのもうれしいな。

注意《ちゅうい》すること

クレジットカード会社《がいしゃ》が一時的《いちじてき》に支払《しはら》ってくれた代金《だいきん》は、カードを契約《けいやく》している本人《ほんにん》が、後日支払《ごじつしはら》うというしくみになっています。それまでに、カードで支払《しはら》った分《ぶん》のお金《かね》を銀行口座《ぎんこうこうざ》に用意《ようい》しておく必要《ひつよう》があります。

2 デビットカード

クレジットカードとのちがい

- 会計《かいけい》をしたときに、契約者《けいやくしゃ》の銀行口《ぎんこうこう》座《ざ》から商品《しょうひん》の代金《だいきん》が支払《しはら》われる。
- 契約者《けいやくしゃ》の銀行口座《ぎんこうこうざ》にあるお金《かね》以上《いじょう》の買《か》い物《もの》はできない。

Debit Card
VISA
MUFG Bank
MUFG
4624 1234 5678 8900
00/00
TARO YAMADA

代金《だいきん》がすぐに支払《しはら》われるから、いくら残《のこ》っているかがすぐにわかりますよ。

クレジットカードと同《おな》じように、会計《かいけい》のときにデビットカードを出《だ》して代金《だいきん》を支払《しはら》います。

《保護者のかたへ》15才以上（中学生を除く場合あり）から発行が可能です。

3 IC《アイシー》カード

おれがつかってるのは、これかあ。電車《でんしゃ》やバスに乗《の》れて、コンビニでジュースも買《か》えるぞ！

mo
mo
PASMO
ICOCA

カードにチャージしたお金《かね》で、代金《だいきん》を支《し》払《はら》うものです。

《保護者のかたへ》小学生用の交通系ICカードは、乗車賃が小人運賃で精算されます。

4 スマホでのQR《キューアール》コード・バーコード決済《けっさい》

ピッ
ラクチン♪

スマホでの支払《しはら》いは、どんな感《かん》じですか？
ラクだし便利《べんり》ですよ。
でも、スマホの充電《じゅうでん》が切《き》れてしまって、代金《だいきん》を払《はら》えなくてこまったことが…。

会計《かいけい》のときに、自分《じぶん》のスマホに表示《ひょうじ》した画面《がめん》を、お店《みせ》の機械《きかい》で読《よ》み取《と》って情報《じょうほう》を送《おく》ることで代金《だいきん》を支払《しはら》います。

大人《おとな》っていいよなー。オレも早《はや》くまほうのカードを持《も》ちたいぜ。
suisui
キャッシュレス決済《けっさい》って、かっこいいよね。
なんかピピッってするだけでさー!!
大事《だいじ》なことなのでくり返《かえ》しますニャ！現金《げんきん》とは形《かたち》がちがうだけで、どれもお金《かね》なんですよ。
つかいすぎには注意《ちゅうい》!!

同《おな》じものでも、商品《しょうひん》によって値段《ねだん》がちがう

乾物《かんぶつ》コーナー
えーっと、おつかいを
たのまれたのは…。
キョロ
キョロ
ごま
だよな!
ここじゃない?
乾物《かんぶつ》コーナーに
あるって言《い》ってたぜ。
えっ!!
ごまの種類《しゅるい》が
たくさんある!
ごま
ごま
ごま
ごま
ごま
ズラ〜
いりごま
ごま
ごま
コウ、どれを買《か》えば
いいと思《おも》う?
ごま
ごま
うーん、
このどっちか?
それか両方《りょうほう》?
!?
そこの
おふたりさん、
おなやみです
ねえ。
同《おな》じものでも
値段《ねだん》がちがい
ますからねえ。
まあ
ちゃん!

品質《ひんしつ》や量《りょう》のちがいが、値段《ねだん》に関《かか》わってくるんですよ。
ごま
特用《とくよう》パック
白《しろ》ごま　140円《えん》
(180グラム入《い》り)
量《りょう》は多《おお》いけれど、品質《ひんしつ》がふつうなので値段《ねだん》が安《やす》め。
金《きん》ごま
金《きん》のつぶが光《ひか》る味《あじ》
白《しろ》ごま　220円《えん》
(90グラム入《い》り)
量《りょう》は少《すく》ないけれど、品質《ひんしつ》が良《よ》いので値段《ねだん》が高《たか》め。
品質《ひんしつ》なのか、量《りょう》なのか、どちらを優先《ゆうせん》するかは人《ひと》それぞれです。
白《しろ》ごま、黒《くろ》ごま開《ひら》けごま…おへそのごまはなぜクサイ
by まあちゃん
フッ…
母《かあ》ちゃんは、どっちがいいんだろうなあ。
質《しつ》より量《りょう》じゃない？うちの場合《ばあい》は…。
あっ、ママさん！ええ、ええ…
はいはい。
あの、おふたり…
買《か》ってきてほしいのは、ごまじゃなくてのりって言《い》ってますけど。
のりのり〜
ズコー

商品《しょうひん》の値段《ねだん》は、どうやって決《き》まる?

ある日《ひ》
最近《さいきん》はやりの生《なま》とろメロンパン、食《た》べました?
すっごくおいしいんですのよ。
駅前《えきまえ》にもお店《みせ》ができてたよね。
食《た》べたいけど、1個《こ》500円《えん》もするんだよねー。
ママにお願《ねが》いしてみようかなー
メロンパン1個《こ》が、オレのおこづかい1か月分《げつぶん》か!
1個《こ》500円《えん》なんて、パン屋《や》さんは大《おお》もうけだな。
そうだ
オレ、パン屋《や》さんになろうかなあ。
いいじゃん、オレもやりたい!
将来《しょうらい》は、いっしょにパン屋《や》さん!!
単純《たんじゅん》だな…。
K&H ベーカリー
めっちゃもうかるぜ。
やったな!
ちょっとちょっと!
何《なに》かかんちがいをしていませんか? そんなにかんたんにはもうかりませんよ。
えっちがうの?

生《なま》とろメロンパンの値段《ねだん》の仕組《しく》みは？

500円《えん》

表面《ひょうめん》カリカリ

とろとろのメロンクリームがたっぷり入っている

中《なか》はふわふわ

パン屋《や》さんのもうけ

パン屋《や》さんが決《き》めた、収入《しゅうにゅう》に当《あ》たる金額《きんがく》

↓

利益《りえき》

＋

パンを作《つく》るのにかかるお金《かね》

- 人件費《じんけんひ》（パン作《づく》りに関《かか》わる人《ひと》たちの給料《きゅうりょう》）
- 水道代《すいどうだい》
- 電気代《でんきだい》
- ガス代《だい》
- 店《みせ》の家賃《やちん》　など

↓

経費《けいひ》

＋

パンの材料《ざいりょう》にかかるお金《かね》

- 小麦粉《こむぎこ》
- バター
- さとう
- メロン果汁《かじゅう》
- 生《なま》クリーム

など

↓

原価《げんか》

商品《しょうひん》の値段《ねだん》

原価《げんか》、経費《けいひ》、利益《りえき》を合《あ》わせた金額《きんがく》が、商品《しょうひん》の値段《ねだん》になるんですね。500円《えん》で売《う》っているからといって、500円《えん》まるごと、もうかるわけではないんですよ。

な〜んだ。高級《こうきゅう》パンで大《おお》もうけしようと思《おも》ったのにな！

値段《ねだん》が上《あ》がったり、下《さ》がったりするのは、どうして？

アラ・・
野菜《やさい》が高《たか》いわねえ。
って昨日《きのう》、お母《かあ》さんがぶつぶつ文句《もんく》言《い》ってたよ。
あっ、うちのサラダ、最近《さいきん》量《りょう》が少《すく》ないのは、だからかな？
高《たか》いんだってさー
雨《あめ》が続《つづ》いたから、野菜《やさい》の値段《ねだん》が上《あ》がっているってニュースでやっていましたわ。
そっかあ。
どうして、雨《あめ》が続《つづ》くと野菜《やさい》が値上《ねあ》がりするの？
ねー
天気《てんき》が悪《わる》くて野菜《やさい》が思《おも》うように育《そだ》たなかったんですね。
ズバリ！
そうなると、買《か》いたい人《ひと》と売《う》りたい人《ひと》のバランスが取《と》れなくなるんです。
オレは、野菜《やさい》キライだからラッキーだぜ。その分肉《ぶんにく》が食《く》えれば…。
……。

商品《しょうひん》を買《か》いたい人《ひと》と商品《しょうひん》の数《かず》によって、値段《ねだん》が上《あ》がったり下《さ》がったりする

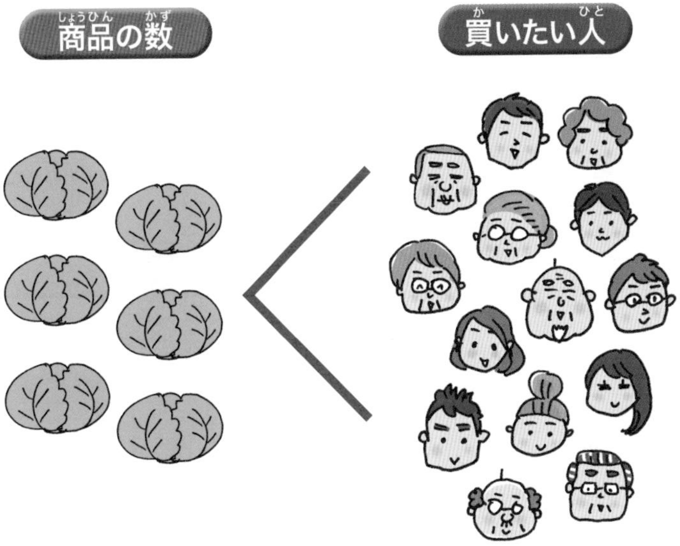

商品《しょうひん》を買《か》いたい人《ひと》の数《かず》が、商品《しょうひん》の数《かず》よりも多《おお》いときは、値段《ねだん》が上《あ》がります。商品《しょうひん》を買《か》いたい人《ひと》がたくさんいるので、高《たか》くても売《う》れるからです。

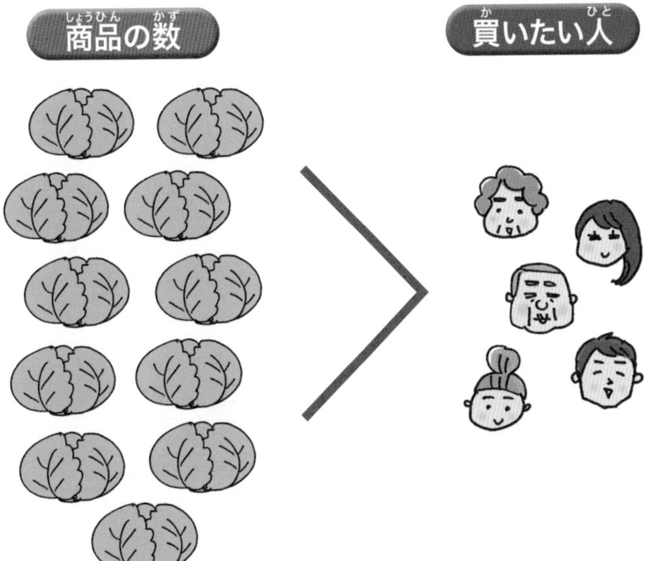

商品《しょうひん》を買《か》いたい人《ひと》の数《かず》が、商品《しょうひん》の数《かず》よりも少《すく》ないときは、値段《ねだん》が下《さ》がります。商品《しょうひん》があまっているので、高《たか》いと売《う》れないからです。

お金《かね》を大切《たいせつ》につかおう

買《か》うものを選《えら》ぶとき、何《なに》が気《き》になりますか？
好《す》きかきらいか、だけ！
だからオレは買《か》いものするの早《はや》いんだ
えっ、値段《ねだん》でしょ！いくらか、気《き》にならないの？
値段《ねだん》、大事《だいじ》ですね。でも、こんなことってありませんか？
安《やす》かったけれど、すぐにこわれた
結果《けっか》、買《か》い物《もの》になった高《たか》い
安《やす》かったけれど、おいしくなかった
不満《ふまん》が残《のこ》った
ビミョー
激安《げきやす》ポテチ
高《たか》かったけれど、長《なが》くつかえた
結果《けっか》、買《か》い物《もの》になった安《やす》い
高《たか》かったけれど、とてもおいしかった
大満足《だいまんぞく》した
おいしい…
高級《こうきゅう》マグロポテチ
買《か》い物《もの》をするときは、商品《しょうひん》をよく見《み》て、値段《ねだん》に合《あ》ったものかを確《たし》かめてくださいニャ。
えっ、どういうこと？
たとえば、アイスクリームでくらべてみましょう。

レストランのアイスクリーム

850円《えん》

グッド！ きれいにもりつけられている

グッド！ お店《みせ》の人《ひと》が運《はこ》んできてくれる

グッド！ レストランで食《た》べる特別感《とくべつかん》がある

おまたせしました

コンビニのカップアイス

130円《えん》

グッド！ 気軽《きがる》に食《た》べられる

グッド！ すぐに買《か》える

グッド！ いろいろな種類《しゅるい》から選《えら》べる

アハハ
アハハー

安《やす》いもの、高《たか》いもの、それぞれによさがあります。そのよさ（価値《かち》）が値段《ねだん》とつりあっていると思《おも》えるなら、それはお金《かね》を大切《たいせつ》につかっているということです！

その買《か》いものはつり合《あ》っている？
価値《かち》
値段《ねだん》
フム
フム

ズバリ！

商品《しょうひん》の価値《かち》を見極《みきわ》める目《め》を育《そだ》てるのです！ それがお金《かね》を大切《たいせつ》につかうことにつながりますニャ。

お金《かね》をつかうことの意味《いみ》とは？

オレ、父《とう》ちゃんの会社《かいしゃ》の〝いもロング〟好《す》きなんだ。似《に》たおかしもあるんだけどさ、これがいちばん！
サイコー
わかる、わかる！
サクサクってしてるよねー
そうか、いもロング、うまいか！
いもロングは、パパのチームが営業《えいぎょう》を担当《たんとう》しているおかしだぞ！
いもロング
えー、マジで!!
うれしいなあ。仕事《しごと》がんばってよかったなあ。
父《とう》ちゃん、かっけー!!
母《かあ》ちゃんのうまいやのお弁当《べんとう》も、からあげがちょーうまかったって、ヒュウガが言《い》ってたよ。
えっ、ほんと！
キャー
うれしいなあ。お店《みせ》のみんなにも伝《つた》えるね。喜《よろこ》ぶだろうなあ。
ウフフ

みなさ〜ん、いいですね〜。
買《か》う人《ひと》も売《う》る人《ひと》も幸《しあわ》せになれる買《か》い物《もの》ができていますね〜。
喜《よろこ》んでもらえた！
いもロングうまい！
うまい
HAPPY《ハッピー》
おいしいって言《い》ってくれて
うれしいな！
ありがとう！
売《う》る人《ひと》
買《か》う人《ひと》
いいものを買《か》えた！
これって、ウィンウィンじゃん！
何《なに》かを買《か》うと、そのお金《かね》はいろいろなところを回《まわ》っていくんでしたよね。わたしたちは「お金《かね》」でも、世《よ》の中《なか》とつながっているんです。
ぐる
ぐる
商品《しょうひん》を買《か》うことは、その商品《しょうひん》を作《つく》っている会社《かいしゃ》やお店《みせ》に信用《しんよう》していますよ応援《おうえん》していますよと伝《つた》えることでもありますニャ！
ルンルン

買《か》う人《ひと》(お客《きゃく》さん)

- 安《やす》いから買《か》う
- おいしいから買《か》う

人気《にんき》が出《で》ると…

- 新《あたら》しい商品《しょうひん》を食《た》べることができる

売《う》る人《ひと》(スーパーなど)

- 人気《にんき》の商品《しょうひん》だから売《う》る
- 人気《にんき》の商品《しょうひん》をおくと、お客《きゃく》さんが来《き》てくれる

- 新商品《しんしょうひん》を売《う》ることでお客《きゃく》さんがふえる

作《つく》る人《ひと》(メーカーなど)

- たくさん買《か》ってもらうことで利益《りえき》がふえる

- 利益《りえき》がふえることで新《あたら》しい商品《しょうひん》が作《つく》れる

突撃《とつげき》！ インタビュー❷

声優《せいゆう》になりたい！

集中《しゅうちゅう》！
次週《じしゅう》おたのしみに！
ああ、おもしろかった～。早《はや》く次《つぎ》の話《はなし》が見《み》たいぜ。
将来《しょうらい》、声優《せいゆう》さんになるのもいいなあ。
いいね。どうしたらなれるんだろう？
アニメおもしろかったですね～♪
声優《せいゆう》さん、ご紹介《しょうかい》しましょうか？ 芸能人《げいのうじん》などと同《おな》じで、ごくかぎられた人《ひと》たちがつける職業《しょくぎょう》ですよ。
まあちゃん、知《し》り合《あ》いなの!?
これはチャンスだぜ！
わくわく
はじめまして、菊池正美《きくちまさみ》といいます。『ちびまる子《こ》ちゃん』の花輪《はなわ》くんの声《こえ》などを担当《たんとう》しています。
本物《ほんもの》～!!
いきなり!!
かぬか光明《みつあき》です。外国映画《がいこくえいが》のふきかえを多《おお》くやらせてもらっています。

おふたりは、どうして声優《せいゆう》になりたいと思《おも》ったんですか？

実《じつ》は、声優《せいゆう》になりたいと思《おも》っていたわけではないんです。わたしは、長《なが》野県《のけん》で育《そだ》ったんですが、都会《とかい》に出《で》てみたかったんですよ。芸能関係《げいのうかんけい》の仕事《しごと》に興味《きょうみ》があったから、高校《こうこう》を卒業《そつぎょう》して、東《とう》京《きょう》にある俳優《はいゆう》の専門学校《せんもんがっこう》に入《はい》りました。

ぼくは初《はじ》めは、ラジオのパーソナリティーになりたいと思《おも》っていました。よく聞《き》いていたラジオ局《きょく》では、声優《せいゆう》さんがパーソナリティーをしていることが多《おお》くて、声《せい》優《ゆう》になればラジオ番組《ばんぐみ》が持《も》てると思《おも》ったんです。

じゃあ、声優《せいゆう》になったのは…ぐうぜんなんですか⁉

俳優《はいゆう》の専門学校《せんもんがっこう》で演《えん》劇《げき》の勉強《べんきょう》をして、しばいのおもしろさを知《し》りました。それで、専門学校《せんもんがっこう》を卒業《そつぎょう》してから劇団《げきだん》の養成所《ようせいじょ》に入《はい》ったんです。

ぼくは、アニメ制作《せいさく》者《しゃ》や声優《せいゆう》になりたい人《ひと》が通《かよ》う、専門学校《せんもんがっこう》に入《はい》りました。

養成所《ようせいじょ》で声優《せいゆう》のお仕事《しごと》を始《はじ》めたんですか？

そんなかんたんにはいかないですよ！　養《よう》成所《せいじょ》は演技《えんぎ》を教《おし》えてくれるところで、入《はい》るのにはお金《かね》がかかります。学校《がっこう》みたいなものですね。今《いま》は、かぬかくんのように専門学校《せんもんがっこう》で学《まな》ぶ人《ひと》も多《おお》いですが、当時《とうじ》はまだ声優《せいゆう》を目指《めざ》す人《ひと》のための学校《がっこう》はなかったんです。ぼくは、養成所《ようせいじょ》を卒業《そつぎょう》して劇団《げきだん》に所属《しょぞく》していたときに、TARAKO《タラコ》さん（アニメ『ちびまる子ちゃん』のまるちゃん役《やく》の声《こえ》の人《ひと》）が所属《しょぞく》している音楽事務所《おんがくじむしょ》が気《き》になって、TARAKO《タラコ》さんみたいに有名《ゆうめい》な人《ひと》がいるとこ

ろなら、まちがいないだろうと思《おも》って試験《しけん》を受《う》けて、仮合《かりごう》格《かく》でどうにか受《う》かりました。お金《かね》がないから、アルバイトをしながら通《かよ》いましたよ。

声優《せいゆう》のお仕事《しごと》ができたのはいつなんですか？

きくちさん 音楽事務所《おんがくじむしょ》の研修《けんしゅう》を受《う》けているうちに、養《よう》成所《せいじょ》のときの先生《せんせい》が関《かか》わるアニメ作品《さくひん》に出《だ》させてもらうようになったんです。

かぬかさん ぼくも同《おな》じです。専《せん》門学校《もんがっこう》の先生《せんせい》に、新《あたら》しくできる声優養成所《せいゆうようせいじょ》を紹介《しょうかい》されて入《はい》りました。そこの先生《せんせい》の授業《じゅぎょう》がきっかけで、デビューにつながりました。ぼくもそのころはアルバイトをしながらの生活《せいかつ》でしたね。

そこでようやく声優《せいゆう》になれたんですね！ 最初《さいしょ》は、どんなお仕事《しごと》でしたか？

きくちさん かぬかさん 兵士《へいし》A《エー》!!（声《こえ》がかぶって顔《かお》を見合《みあ》わせる）

きくちさん 初《はじ》めは、そういう役《やく》が多《おお》いんですよ。一言《ひとこと》、二言《ふたこと》しかない役《やく》や、息《いき》づかいだけをする役《やく》なんかもありました。人外《じんがい》とよばれる、動物《どうぶつ》や物《もの》の役《やく》もあって、犬《いぬ》のようにほえる〝こたつ〟の役《やく》をしたこともありますよ。

かぬかさん それでも、それだけじゃ、ぜんぜんかせげません。ぼくは11年間《ねんかん》アルバイトを続《つづ》けていました。

声優《せいゆう》って、お給料《きゅうりょう》が安《やす》い…んですか？

きくちさん それは人《ひと》によりますけどね。せまき門《もん》であることだけはたしかです。

かぬかさん 声優《せいゆう》にはランク分《わ》けがあって、大《おお》きくいうと、「ジュニアランク」と「ランカー」という層《そう》に分《わ》けられるんです。ジュニアとは若手《わかて》を指《さ》していて、声優《せいゆう》だけで食《た》べていくのはまだむずかしいと思《おも》います。ランカーは、ランクが上《あ》がるにつれてギャラ（出《しゅつ》演料《えんりょう》）が上《あ》がっていきます。フリーランクとか、ノーランクとかいうものもあります。

ちなみに、歩合制《ぶあいせい》なので毎《まい》月《つき》決《き》まった金額《きんがく》をもらえるわけではありません。（※ランク制度《せいど》にとらわれない事務所《じむしょ》もあります。）

きくちさん

基本的《きほんてき》には、1本《いっぽん》（1話《わ》）いくらという設定《せってい》です。セリフがたくさんあったり、一人《ひとり》で二役《ふたやく》をしたり、反対《はんたい》にセリフが一言《ひとこと》しかなくても、出番《でばん》の数《かず》によって変《か》わることはありません。

声優《せいゆう》は、会社員《かいしゃいん》じゃないんですか？

きくちさん

会社員《かいしゃいん》の声優《せいゆう》はほとんどいませんね。わたしのように事務所《じむしょ》に所属《しょぞく》している人《ひと》は「個人事業主《こじんじぎょうぬし》」という形《かたち》になっていると思《おも》います。事務所《じむしょ》は手数料《てすうりょう》を取《と》って、声優《せいゆう》の代《か》わりに、作品《さくひん》への出演《しゅつえん》交渉《こうしょう》や、スケジュール管理《かんり》、請求書《せいきゅうしょ》の発行《はっこう》などを行《おこな》います。

かぬかさん

事務所《じむしょ》に所属《しょぞく》しないで働《はたら》く人《ひと》もいますね。そういう人《ひと》は、手数料分《てすうりょうぶん》も自《じ》分《ぶん》のギャラになりますが、すべて自分《じぶん》で手配《てはい》しなければいけません。（⬇61ページ「どんな働《はたら》き方《かた》がある？」）

何《なん》だか思《おも》っていたより大変《たいへん》そう…。声優《せいゆう》にはどんな人《ひと》が向《む》いていると思《おも》いますか。

かぬかさん

アニメ声《ごえ》といわれるような特徴的《とくちょうてき》な声《こえ》は魅《み》力的《りょくてき》ですが、できる役《やく》のはばをせばめてしまうかもしれません。それよりも、演技力《えんぎりょく》やいろいろな経験《けいけん》があることのほうが求《もと》められると思《おも》います。

あと、ぼくは太《ふと》っているので、太《ふと》っている人《ひと》の役《やく》がつくことが多《おお》かったりはします。体型《たいけい》って声《こえ》にも出《で》るんですよ！

わたしは今《いま》60才《さい》ですが、30代《だい》など若《わか》い役《やく》をすることが多《おお》いですね。『ちびまる子《こ》ちゃん』の花輪《はなわ》くんは9才《さい》ですし。もう30年《ねん》ほど担当《たんとう》しています。声《こえ》は年《とし》を取《と》りにくい器官《きかん》なので、外見《がいけん》よりも変化《へんか》しづらいんですが、声質《こえしつ》を維持《いじ》することは大事《だいじ》ですね。

将来《しょうらい》、つきたい職業《しょくぎょう》につくために、やっておいたほうがいいことはありますか？

その年齢《ねんれい》でできることをしっかり楽《たの》しむことじゃないかな。それぞれの年齢《ねんれい》で夢中《むちゅう》になったアニメやマンガ、そういう思《おも》い出《で》や記《き》憶《おく》がたくさんあると、いつか自《じ》分《ぶん》を助《たす》けてくれると思《おも》います。

声優《せいゆう》でいうと、演《えん》じることが好《す》き、アニメが好《す》き、というような「好《す》き」な気《き》持《も》ちを大事《だいじ》にすることかな。そういう変《か》わらないものがあると、辛《つら》いことも乗《の》り越《こ》えられると思《おも》います。

他人《たにん》を演《えん》じるということは、他人《たにん》の気《き》持《も》ちがわからないといけない。周囲《しゅうい》への思《おも》いやりや、相手《あいて》がどう感《かん》じているかを考《かんが》えることが大切《たいせつ》だと思《おも》うのですが、それはどんな職業《しょくぎょう》でも同《おな》じですよね。

菊池正美《きくちまさみ》

1960年生まれ。アニメ『ちびまる子ちゃん』花輪くん役のほか、海外ドラマ『ビバリーヒルズ高校白書』など出演多数。特技は、作詞作曲とギターの弾き語り。

かぬか光明《みつあき》

1980年生まれ。海外ドラマや映画の吹き替えや、アニメ『スポンジ・ボブ』パトリック・スター役など。特技は大食い。

ケンユウオフィス
http://kenyu-office.com/

コラム 2

お金《かね》に関係《かんけい》のある漢字《かんじ》に、「貝《かい》」がつくものが多《おお》いのはなぜ？

お金《かね》が存在《そんざい》する前《まえ》、人々《ひとびと》は、物《もの》と物《もの》を交換《こうかん》してほしいものを手《て》に入《い》れていました。山《やま》でとった肉《にく》や、海《うみ》でとった魚《さかな》を交換《こうかん》していたんですね。これを物々交換《ぶつぶつこうかん》といいます。

でも、ほしいものを持《も》っている相手《あいて》が必《かなら》ず見《み》つかるとはかぎらないし、肉《にく》や魚《さかな》などの生《なま》ものは、時間《じかん》がたてばくさってしまいますから、物《もの》と物《もの》を交換《こうかん》するのは大変《たいへん》なことでした。

そこで、物々交換《ぶつぶつこうかん》をしたい人《ひと》たちが一《ひと》つの場所《ばしょ》に集《あつ》まるようになったのです。そうすれば、相手《あいて》が見《み》つかる可能性《かのうせい》が高《たか》くなるからです。これが「市場《いちば》」のはじまりです。

そして、物々交換《ぶつぶつこうかん》をするときの仲立《なかだ》ちをするものとして、生《なま》もののようにくさらない「もの」がつかわれるようになりました。これが「お金《かね》」のはじまりです。たとえば、米《こめ》や布《ぬの》、塩《しお》などがお金《かね》のようにつかわれていました。

お金《かね》に関係《かんけい》のある漢字《かんじ》に「貝《かい》」のつくものが多《おお》いのは、漢字《かんじ》が生《う》まれた中国《ちゅうごく》で、宝貝《たからがい》（子安貝《こやすがい》）という貝《かい》がお金《かね》の代《か》わりにつかわれていたことに由来《ゆらい》しています。

貢《みつ》ぐ　財産《ざいさん》　貨幣《かへい》　販売《はんばい》

貧乏《びんぼう》　貴重品《きちょうひん》　貸《か》す　貯金《ちょきん》

買《か》う　貿易《ぼうえき》　資金《しきん》　賃金《ちんぎん》

賄賂《わいろ》　賜《たまわ》る　質屋《しちや》　賞金《しょうきん》

賠償《ばいしょう》　賭博《とばく》　購入《こうにゅう》　贈《おく》り物《もの》

これらの言葉《ことば》には、
もともとお金《かね》に関係《かんけい》
する意味《いみ》があるのです。

PART 3

お金《かね》の貯《た》め方《かた》・お金《かね》のふやし方《かた》

銀行《ぎんこう》ってどんなところ？

ただいまー
銀行《ぎんこう》によったら、こんでておそくなっちゃった。急《いそ》いでごはん作《つく》るね。
おなかすいた〜。
♪〜
今日《きょう》はパパのお給料日《きゅうりょうび》、お金《かね》を下《お》ろしてきたから、ちょっとごうかよ！
フフフ
おたのしみに！
いやっほう、ごちそう!!
ラッキーー!!
母《かあ》ちゃん、銀行《ぎんこう》ってお金《かね》をくれるところなの？
くれるわけじゃないんだけど…。
えーと
まあちゃん、ごはんを作《つく》りたいからお願《ねが》いね。
はいはい！
銀行《ぎんこう》は、主《おも》にこんな仕事《しごと》をしています。
1 お金《かね》を預《あず》かる
2 お金《かね》を貸《か》す
3 お金《かね》のやりとりを行《おこな》う

1 お金《かね》を預《あず》かる

銀行《ぎんこう》にお金《かね》を預《あず》けることを「預金《よきん》」といいます。なぜ預金《よきん》するのかというと、家《いえ》にお金《かね》を置《お》いておくよりも銀行《ぎんこう》に預《あず》けたほうが安全《あんぜん》だからです。家《いえ》に置《お》いておくとどろぼうにねらわれたり、火事《かじ》で燃《も》えてしまったりするかもしれません。また、銀行《ぎんこう》にお金《かね》を預《あず》けると、少《すこ》しだけお金《かね》がふえる仕組《しく》みになっています。ふえる分《ぶん》を「利息《りそく》」といいます。
※郵便局《ゆうびんきょく》に預《あず》けることは「貯金《ちょきん》」といいます。

銀行《ぎんこう》に預《あず》けるだけで、お金《かね》がふえた時代《じだい》がなつかしい…。いまは、金利《きんり》が低《ひく》くて、ほとんどふえないんですニャ。
まあちゃんって、いくつなのかしら？
!?
金利《きんり》とは、お金《かね》を預《あず》けたり貸《か》したりしたときに、利子《りし》や利息《りそく》がどれだけつくかの割合《わりあい》のことですニャ。
昔《むかし》
今《いま》
100,000円《えん》
預《あず》ける
1年《ねん》で
5,000円《えん》ふえる
105,000円《えん》
(金利《きんり》：年《ねん》5％)
1年《ねん》で
1円《えん》ふえる
100,001円《えん》
(金利《きんり》：年《ねん》0.001％)
お金《かね》を銀行《ぎんこう》に預《あず》けるときは、口座《こうざ》を作《つく》ります。口座《こうざ》を作《つく》ると、預金通帳《よきんつうちょう》やキャッシュカードを持《も》つことができます。
ジャーン
預金通帳《よきんつうちょう》
しつもーん！小学生《しょうがくせい》でも作《つく》れますか？
できますよ。おうちの人《ひと》といっしょに手続《てつづ》きをしてください。15才《さい》以上《いじょう》は、自分《じぶん》で申《もう》しこむこともできます。

2 お金《かね》を貸《か》す

銀行《ぎんこう》は、お金《かね》を預《あず》かるだけではありません。預《あず》かったお金《かね》を、他《ほか》のだれかに貸《か》し出《だ》すという仕事《しごと》もしています。お金《かね》を借《か》りた人《ひと》は、借《か》りた金額《きんがく》よりも多《おお》く銀行《ぎんこう》に返《かえ》します。多《おお》く返《かえ》す分《ぶん》を「利子《りし》」といって、これが銀行《ぎんこう》のもうけになります。

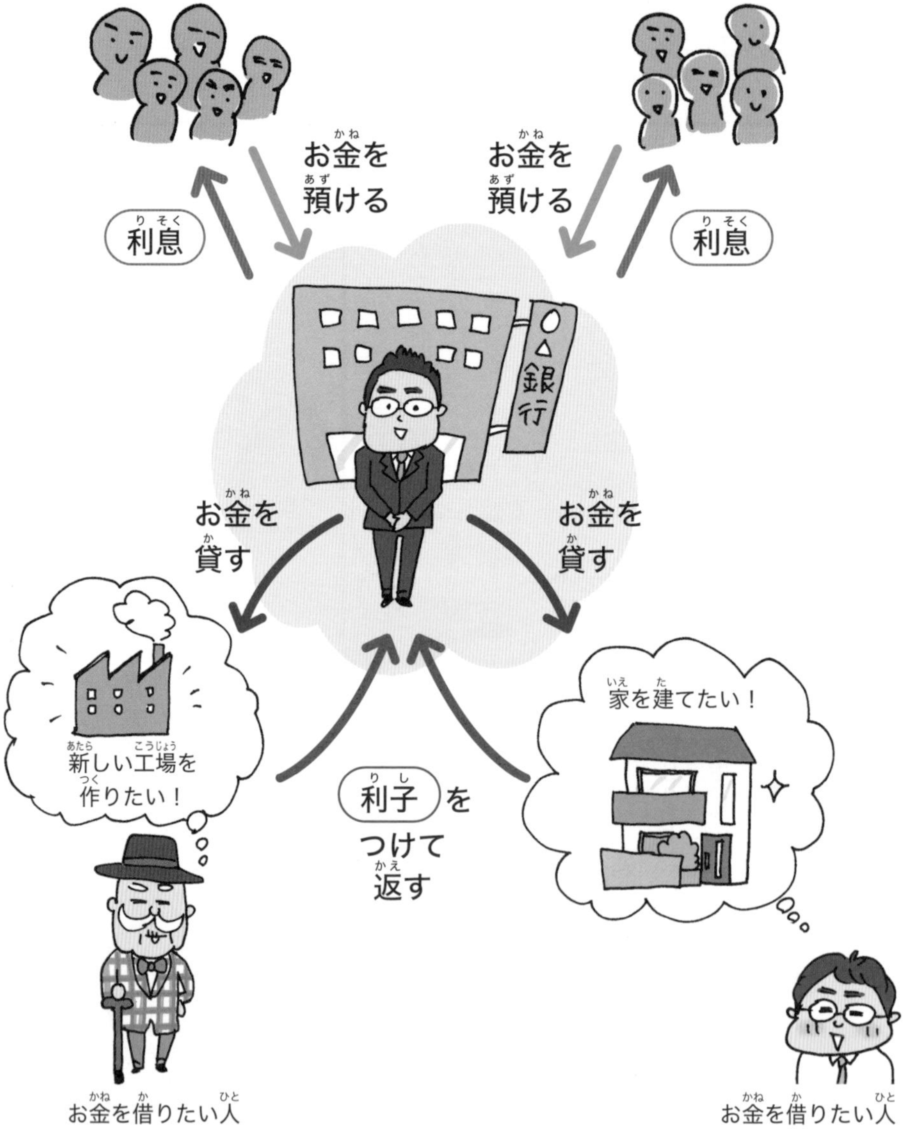

3 お金《かね》のやりとりを行《おこな》う

勤務先《きんむさき》から給料《きゅうりょう》が口座《こうざ》にふりこまれる、電気代《でんきだい》が口座《こうざ》から引《ひ》き落《お》とされるなど、口座《こうざ》から口座《こうざ》へのお金《かね》のやりとりを「為替《かわせ》」といいます。この為替《かわせ》も銀行《ぎんこう》の仕事《しごと》の一《ひと》つです。お金《かね》が実際《じっさい》に口座《こうざ》から口座《こうざ》へ移動《いどう》するのではなく、コンピューター上《じょう》でお金《かね》のやりとりを記録《きろく》していきます。

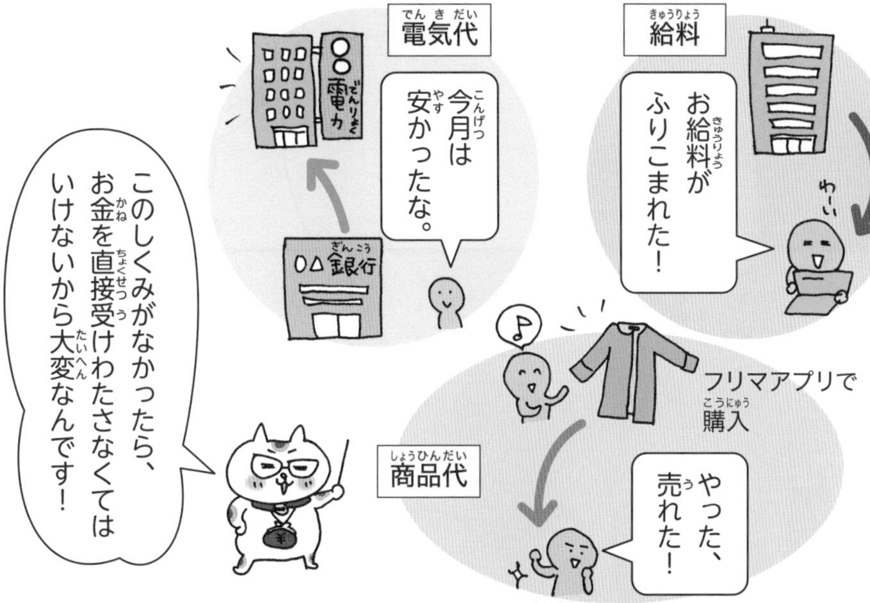

電気代《でんきだい》
電力《でんりょく》
今月《こんげつ》は安《やす》かったな。
○△銀行《ぎんこう》
給料《きゅうりょう》
お給料《きゅうりょう》がふりこまれた!
わーい
フリマアプリで購入《こうにゅう》
商品代《しょうひんだい》
やった、売《う》れた!
このしくみがなかったら、お金《かね》を直接受《ちょくせつう》けわたさなくてはいけないから大変《たいへん》なんです!

ジャーン
まあちゃん、説明《せつめい》ありがとう。ごはんできたわよー。
おおっ、うまそう!
ただいま。
おかえりなさーい
今日《きょう》ごちそう!!
ウフフ
パパ、今日《きょう》もおつかれさま♡

貯《た》めたお金《かね》をふやすには？

まあちゃんのマネー教室《きょうしつ》
問題《もんだい》です！お金《かね》をふやすには、どうしたらいいと思《おも》いますか？
働《はたら》いて貯金《ちょきん》する！
ピンポン、正解《せいかい》!!
宝《たから》くじを買《か》う！
それは運《うん》しだいなので…
ブーッ
ガーン
むだづかいをしない！
よっしゃー!!
ピンポン、正解《せいかい》!!
ううっ…
他《ほか》に？ある？
もう一《ひと》つは、投資《とうし》です。投資《とうし》とは、「お金《かね》に働《はたら》いてもらうこと」なんですよ。
お金《かね》が働《はたら》く??

貯蓄《ちょちく》と投資《とうし》のちがい

貯蓄《ちょちく》とは、銀行《ぎんこう》などにお金《かね》を預《あず》けておくことです。利息《りそく》がついた分《ぶん》だけ、お金《かね》がふえます。預《あず》けたお金《かね》がへることはありませんが、ふえるお金《かね》はほんのわずかです。

貯蓄《ちょちく》は、お金《かね》がすやすやと安心《あんしん》して眠《ねむ》っているイメージですね。
ATM《エーティーエム》

投資《とうし》とは、会社《かいしゃ》などの事業《じぎょう》に出資《しゅっし》（自分《じぶん》のお金《かね》を出《だ》すこと）して、利益《りえき》を得《え》ることです。投資《とうし》したお金《かね》がへってしまうこともありますが、貯蓄《ちょちく》よりも、もうかる金額《きんがく》が大《おお》きくなることがあるのが特徴《とくちょう》です。

会社《かいしゃ》
会社《かいしゃ》
利益《りえき》
出資《しゅっし》
利益《りえき》
利益《りえき》
出資《しゅっし》
利益《りえき》
会社《かいしゃ》
会社《かいしゃ》
投資《とうし》は、お金《かね》が世界中《せかいじゅう》をかけめぐって活躍《かつやく》するイメージです。

投資《とうし》 1 株《かぶ》を買《か》う

株式会社《かぶしきがいしゃ》が発行《はっこう》する「株《かぶ》」を買《か》うことで株主《かぶぬし》になります。株式会社《かぶしきがいしゃ》は、株主《かぶぬし》が支払《しはら》ったお金《かね》で事業《じぎょう》を行《おこな》います。

会社《かいしゃ》を作《つく》りますので、わが社《しゃ》の株《かぶ》を買《か》ってください！
にっこり
株式会社《かぶしきがいしゃ》
株《かぶ》
株《かぶ》
株《かぶ》
お金《かね》
お金《かね》
お金《かね》
株券
株券
株券
がんばれ
応《おう》えんするわ
株主《かぶぬし》
株主《かぶぬし》
株主《かぶぬし》

株《かぶ》を買《か》うということは、その会社《かいしゃ》を応援《おうえん》するということです。
買《か》い物《もの》も、好《す》きな商品《しょうひん》を買《か》うと、その会社《かいしゃ》を応援《おうえん》することになるって言《い》ってたよね。
あの商品《しょうひん》はとてもいいから応《おう》えんしたいな！
キリッ
おさしみグミ
そうです。株《かぶ》を買《か》うときも、応援《おうえん》したくなるような会社《かいしゃ》を選《えら》んでくださいね。
株価《かぶか》
そして、株価《かぶか》（株《かぶ》の値段《ねだん》）は、毎日《まいにち》変《か》わります。新聞《しんぶん》やニュースでチェックしてみましょうニャ。

株《かぶ》でお金《かね》がふえる理由《りゆう》は？

1 会社《かいしゃ》がもうかると、株主《かぶぬし》はその利益《りえき》の一部《いちぶ》を受《う》け取《と》ることができます。このお金《かね》を「配当金《はいとうきん》」といいます。

2 株価《かぶか》の動《うご》きに合《あ》わせて、株《かぶ》を買《か》ったり売《う》ったりすることで利益《りえき》を得《え》ることができます。株価《かぶか》が変化《へんか》しているので、安《やす》いときに買《か》って、高《たか》いときに売《う》ると、利益《りえき》が出《で》ます。

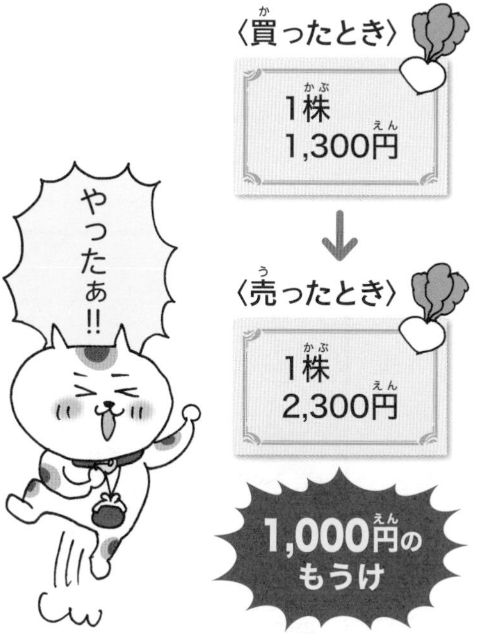

でも、こんなことも！

会社《かいしゃ》がもうからなくなると、配当金《はいとうきん》を受《う》け取《と》れず、株価《かぶか》もどんどん下《さ》がっていきます。もし、その会社《かいしゃ》が倒産《とうさん》してしまうと、株《かぶ》の価値《かち》はなくなり、1円《えん》ももどってきません。

投資《とうし》 2 投資信託《とうししんたく》

お金《かね》の専門家《せんもんか》にお金《かね》を預《あず》けて、自分《じぶん》の代《か》わりに投資《とうし》をしてもらうしくみです。

わたしたち投資家《とうしか》です！
お金《かね》
お金《かね》
お金《かね》
お金《かね》
利益《りえき》
利益《りえき》
利益《りえき》
利益《りえき》
投資先《とうしさき》を選《えら》びますよ。プロなんで！
お金《かね》の専門家《せんもんか》
（ファンドマネージャー）
投資先《とうしさき》
日本《にほん》の株《かぶ》
新興国《しんこうこく》の株《かぶ》
外国《がいこく》の株《かぶ》
外国《がいこく》の国債《こくさい》
日本《にほん》の国債《こくさい》
など

どこの株《かぶ》を買《か》えばいいのかを、専門家《せんもんか》が選《えら》んでくれるんですよ。
へえ、代《か》わりに選《えら》んでくれるなら、お金《かね》がへっちゃう心配《しんぱい》をしなくてもいいね。
安心《あんしん》安心《あんしん》
いいえ。専門家《せんもんか》といえども、失敗《しっぱい》はあります。預《あず》けたお金《かね》がへる可能性《かのうせい》があることも、ちゃんと覚《おぼ》えておいてくださいニャ。

早《はや》く大人《おとな》になって、お金《かね》ふやしたい!!
小学生《しょうがくせい》じゃ、お金《かね》もないし、投資《とうし》なんて無理《むり》だよなあ。
小学生《しょうがくせい》が株《かぶ》や投資《とうし》を禁止《きんし》されているわけではありません。おこづかいくらいの少額《しょうがく》のお金《かね》でできるものもあるんですよ。

●株式《かぶしき》ミニ投資《とうし》（ミニ株《かぶ》）

通常《つうじょう》は100株《かぶ》からしか買《か》えませんが、ミニ株《かぶ》は10株《かぶ》から買《か》うことができます。
（※１株《かぶ》から買《か》える場合《ばあい》もあります）

10株《かぶ》

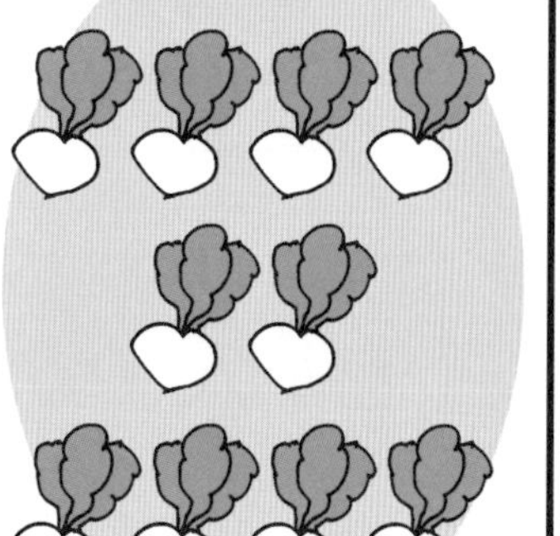

●投資信託《とうししんたく》

100円台《えんだい》から買《か》える商品《しょうひん》があります。

100
投資《とうし》を始《はじ》めるときは、おうちの人《ひと》とよく相談《そうだん》して決《き》めてくださいね。
やってみたいなぁ！

《保護者のかたへ》
株式ミニ投資や投資信託は、少額で始められる投資です。少額のためリスクも低く、投資の勉強ができるなどのメリットがありますが、手数料が割高であるなどのデメリットもあります。

お金《かね》を借《か》りるには?

アキ、100円《えん》貸《か》して! おこづかい足《た》りなくなっちゃってさ。
お願《ねが》い!!
やだよ! お金《かね》の貸《か》し借《か》りはダメって、まあちゃんが言《い》ってただろ!
フン!
アキのやつ、ケチだな〜。
ま・あ・ちゃ・ん♡ お金《かね》貸《か》して〜。
スリスリ
いっぱい持《も》ってるよね?
わかりましたよ。はい、どうぞ。
やった!!
って、なるかーーい!!
シャー
だれも貸《か》してくれないなんて、冷《つめ》たい世《よ》の中《なか》だぜ。
ハア…
大人《おとな》になれば、お金《かね》を借《か》りられるところがありますよ。
本当《ほんとう》に必要《ひつよう》なときですけどね

1 銀行《ぎんこう》で借《か》りる

銀行《ぎんこう》でお金《かね》を借《か》りるときは、まとまったお金《かね》が必要《ひつよう》なときです。だれでも借《か》りられるわけではなく、審査《しんさ》を通《とお》らないと貸《か》してもらえません。貸《か》したお金《かね》を、きちんと返《かえ》すことができる人《ひと》かどうかが審査《しんさ》されます。

審査《しんさ》
家《いえ》を買《か》います。お金《かね》を借《か》りたいです。

- どんなところに勤《つと》めている人《ひと》かな？
- ちゃんと収入《しゅうにゅう》がある人《ひと》かな？
- 担保《たんぽ》になる資産《しさん》があるかな？

など

※担保《たんぽ》とは、貸《か》したお金《かね》を返《かえ》してもらえなかった場合《ばあい》に、お金《かね》の代《か》わりにその人《ひと》が持《も》っている土地《とち》や建物《たてもの》などをもらうという約束《やくそく》をすること。

利《り》子《し》をつけて返《かえ》さないといけませんが、銀行《ぎんこう》で借《か》りると、後《あと》で紹介《しょうかい》するものよりは、金利《きんり》が安《やす》いので安心《あんしん》です。
うちも、銀行《ぎんこう》でお金《かね》を借《か》りて家《いえ》を買《か》ったんだよね。
イエス！
がんばって返《かえ》しているところです！

2 消費者金融《しょうひしゃきんゆう》で借《か》りる

消費者金融《しょうひしゃきんゆう》は、お金《かね》を貸《か》すことを専門的《せんもんてき》に行《おこな》っている金融機関《きんゆうきかん》です。よくテレビで「ご利用《りよう》は計画的《けいかくてき》に！」とコマーシャルが流《なが》れていますね。お金《かね》を借《か》りるときの審査《しんさ》が銀行《ぎんこう》よりも簡単《かんたん》で、担保《たんぽ》がなくてもお金《かね》を貸《か》してくれます。しかし、返《かえ》すときの金利《きんり》が高《たか》いので注意《ちゅうい》をしなければいけません。

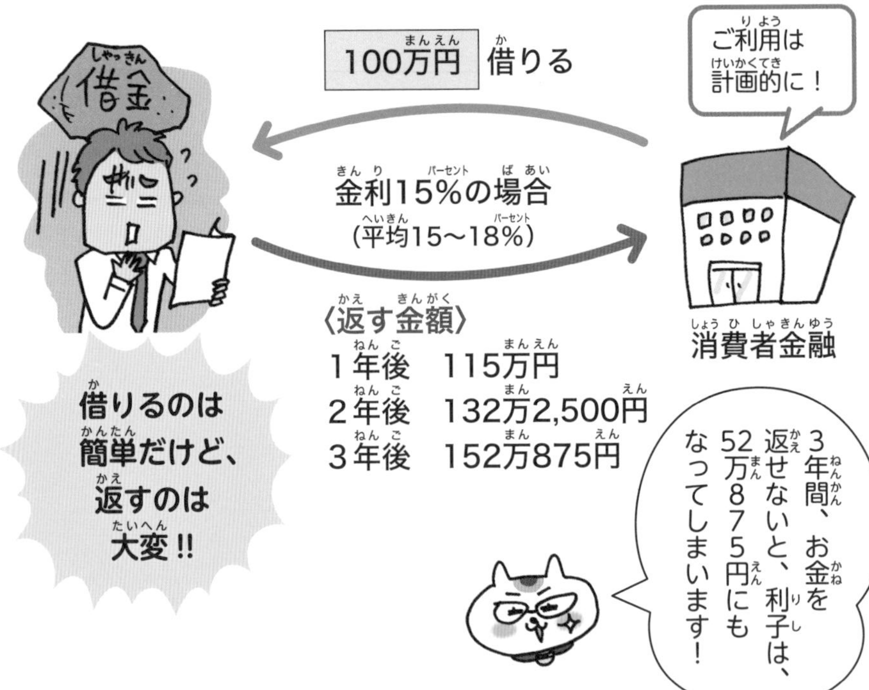

借金《しゃっきん》
100万円《まんえん》 借《か》りる
ご利用《りよう》は計画的《けいかくてき》に！
金利《きんり》15%《パーセント》の場合《ばあい》
(平均《へいきん》15〜18%《パーセント》)
消費者金融《しょうひしゃきんゆう》
〈返《かえ》す金額《きんがく》〉
1年後《ねんご》 115万円《まんえん》
2年後《ねんご》 132万《まん》2,500円《えん》
3年後《ねんご》 152万《まん》875円《えん》
借《か》りるのは簡単《かんたん》だけど、返《かえ》すのは大変《たいへん》!!
3年間《ねんかん》、お金《かね》を返《かえ》せないと、利子《りし》は、52万《まん》875円《えん》にもなってしまいます！

どうして高《たか》い金利《きんり》なの？

消費者金融《しょうひしゃきんゆう》は、借《か》りるときの審査《しんさ》が簡単《かんたん》なので、銀行《ぎんこう》よりもお金《かね》を借《か》りやすいのですが、その分返《ぶんかえ》せなくなってしまう人《ひと》も出《で》てきます。そういった返《かえ》せない人《ひと》たちばかりになると、消費者金融《しょうひしゃきんゆう》がつぶれてしまいます。そのため、利子《りし》を高《たか》くすることで、貸《か》したお金《かね》を取《と》りもどせるようにしているのです。つまり、返《かえ》せない人《ひと》の分《ぶん》を、返《かえ》せる人《ひと》から取《と》りもどしているということです。

3 クレジットカードのキャッシング

クレジットカード会社《がいしゃ》からお金《かね》を借《か》りる方法《ほうほう》です。クレジットカードは現金《げんきん》を持《も》たずに買《か》い物《もの》ができるカードですが、ATM《エーティーエム》でお金《かね》を引《ひ》き出《だ》すこと（キャッシング）もできます。借《か》りたお金《かね》は、利子《りし》をつけて返《かえ》します。

ATM《エーティーエム》
自分《じぶん》のお金《かね》を引《ひ》き出《だ》しているように見《み》えますが、借金《しゃっきん》です!!

借金《しゃっきん》を返《かえ》すために、また借金《しゃっきん》をする。
返《かえ》せないから、今度《こんど》はこっちで借《か》りよう…。
そしてこんなおそろしいことも…
複数《ふくすう》の金融機関《きんゆうきかん》からお金《かね》を借《か》りている状態《じょうたい》を、多重債務《たじゅうさいむ》といいます。気軽《きがる》な気持《きも》ちで借《か》りるものではないと覚《おぼ》えておいてくださいニャ。
新発売《しんはつばい》
こくうま
チョコバナナ
ところで、コウ。100円《えん》は何《なに》に必要《ひつよう》なの?
アイス…
がまんしてくださいニャ!

クラウドファンディングって何《なに》？

おふたりは、クラウドファンディングを知《し》っていますか？
新《あたら》しいゲームの名前《なまえ》？
魚《さかな》つりの種類《しゅるい》とか？
ちがいま～す！
ブッブー
クラウドファンディングというのは、インターネット上《じょう》で、たくさんの人《ひと》から少《すこ》しずつお金《かね》を集《あつ》めて、まとまったお金《かね》を作《つく》り出《だ》すしくみのことなんです。
何《なん》だ、それ…？
たとえばですね。
事業《じぎょう》を始《はじ》めたい、お店《みせ》を開《ひら》きたいというときには、資金《しきん》が必要《ひつよう》ですよね。そんなときに、
自分《じぶん》の考《かんが》えに賛同《さんどう》してくれる人《ひと》たちに、少《すこ》しずつお金《かね》を出《だ》してもらうんです。

クラウドファンディングの例《れい》

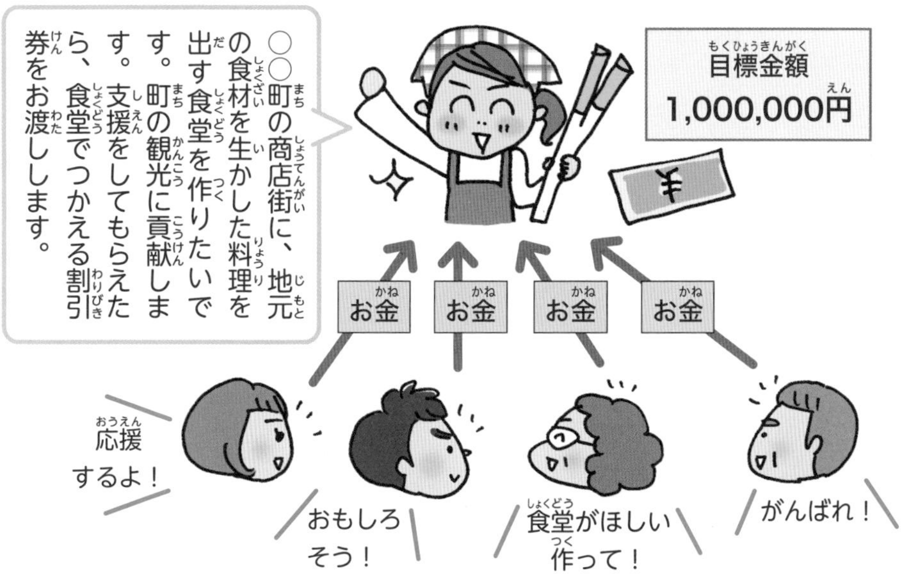
○○町《まち》の商店街《しょうてんがい》に、地元《じもと》の食材《しょくざい》を生《い》かした料理《りょうり》を出《だ》す食堂《しょくどう》を作《つく》りたいです。町《まち》の観光《かんこう》に貢献《こうけん》します。支援《しえん》をしてもらえたら、食堂《しょくどう》でつかえる割引《わりびき》券《けん》をお渡《わた》しします。
目標金額《もくひょうきんがく》
1,000,000円《えん》
お金《かね》
お金《かね》
お金《かね》
お金《かね》
応援《おうえん》するよ！
おもしろそう！
食堂《しょくどう》がほしい 作《つく》って！
がんばれ！

《保護者のかたへ》
クラウドファンディングには、このような例以外にも、寄付型や融資型など、さまざまなものがあります。

まとまったお金《かね》が必要《ひつよう》なときは、銀行《ぎんこう》でお金《かね》を借《か》りるのが一般的《いっぱんてき》です。でも、若《わか》い人《ひと》や実績《じっせき》がない人《ひと》には、銀行《ぎんこう》はなかなかお金《かね》を貸《か》してくれないんですよ。
アイデアはあるんだけど…
そんなときに、クラウドファンディングが役立《やくだ》ちます。
パパさん、新商品《しんしょうひん》〝いもロング極太《ごくぶと》〟を広《ひろ》めたいので、1万円《まんえん》、支援《しえん》してくださいニャ！
ズルイ!!
いもロング極太《ごくぶと》!!
えっ、宣伝《せんでん》してくれるの？じゃあ…。
10000

コラム 3

集合《しゅうごう》！
お金《かね》にまつわる名言《めいげん》・ことわざ

サマセット・モーム（作家《さっか》）

金《かね》だけが人生《じんせい》ではないが、金《かね》のない人生《じんせい》も、また人生《じんせい》とは言《い》えない。十分《じゅうぶん》な金《かね》がなければ人生《じんせい》の可能性《かのうせい》の半分《はんぶん》は閉《し》め出《だ》されてしまう。

ミゲル・デ・セルバンテス（作家《さっか》）

幸福《こうふく》は、富《とみ》そのものによって得《え》られるのではなく、富《とみ》を使《つか》ってはじめて得《え》られるのだ。

ジョージ・ファーカー（作家《さっか》）

私達《わたしたち》はお金《かね》を稼《かせ》ぐために知恵《ちえ》を使《つか》い、お金《かね》を使《つか》うために心《こころ》を持《も》っているのだ。

時《とき》は金《かね》なり

時間《じかん》はお金《かね》と同《おな》じくらい価値《かち》があるものだから、むだにしてはいけないという意味《いみ》のことわざ。

チャールズ・チャップリン（映画監督《えいがかんとく》・コメディアン）

人生《じんせい》は恐《おそ》れなければ、とても素晴《すば》らしいものなんだよ。人生《じんせい》に必要《ひつよう》なもの。それは勇気《ゆうき》と想像力《そうぞうりょく》、そして少《すこ》しのお金《かね》だ。

小林一三《こばやしいちぞう》（実業家《じつぎょうか》）

お金《かね》がないからなにもできないという人《ひと》は、お金《かね》があってもなにもできない。

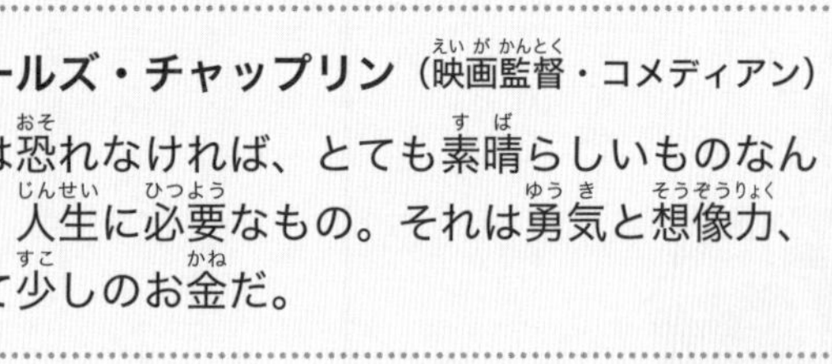

わたしは、お金《かね》の価値《かち》を理解《りかい》していますニャ！
千両

ねこに小判《こばん》

ねこに小判《こばん》（江戸時代《えどじだい》につかわれていた金貨《きんか》）の値打《ねう》ちがわからないように、どんなに価値《かち》のあるものでも、それがわからない人《ひと》には、何《なん》の役《やく》にも立《た》たないという意味《いみ》のことわざ。

PART 4

世《よ》の中《なか》と
お金《かね》の関係《かんけい》

日本銀行《にっぽんぎんこう》ってどんな銀行《ぎんこう》？

おじいちゃんが、おこづかいくれたぜ！
イエーイ千円《せんえん》!!
1000
貯金《ちょきん》、貯金《ちょきん》っと。
あれ
お札《さつ》に日本銀行《にっぽんぎんこう》って書《か》いてあるよ。
なんと、うらにローマ字《じ》でも！
ほんとだ！
NIPPON《にっぽん》 GINKO《ぎんこう》
アピールがはげしいぜ。
この銀行《ぎんこう》だけ、お札《さつ》に名前《なまえ》なんてのせちゃって、えらそうだなあ。
日本銀行《にっぽんぎんこう》は、日本《にほん》でただひとつの特別《とくべつ》な銀行《ぎんこう》なんですよ。
いってみれば、銀行《ぎんこう》の王様《おうさま》、キングみたいなものですね。一般《いっぱん》の銀行《ぎんこう》にはできない役割《やくわり》があるんですニャ。
フッフッフ

1 お札《さつ》を発行《はっこう》する

日本銀行《にっぽんぎんこう》には、日本《にほん》のお札《さつ》を発行《はっこう》する役割《やくわり》があります。国立印刷局《こくりついんさつきょく》でお札《さつ》がつくられ、日本銀行《にっぽんぎんこう》から、一般《いっぱん》の銀行《ぎんこう》などの金融機関《きんゆうきかん》へ、そして人々《ひとびと》の手《て》にお札《さつ》がわたっていきます。

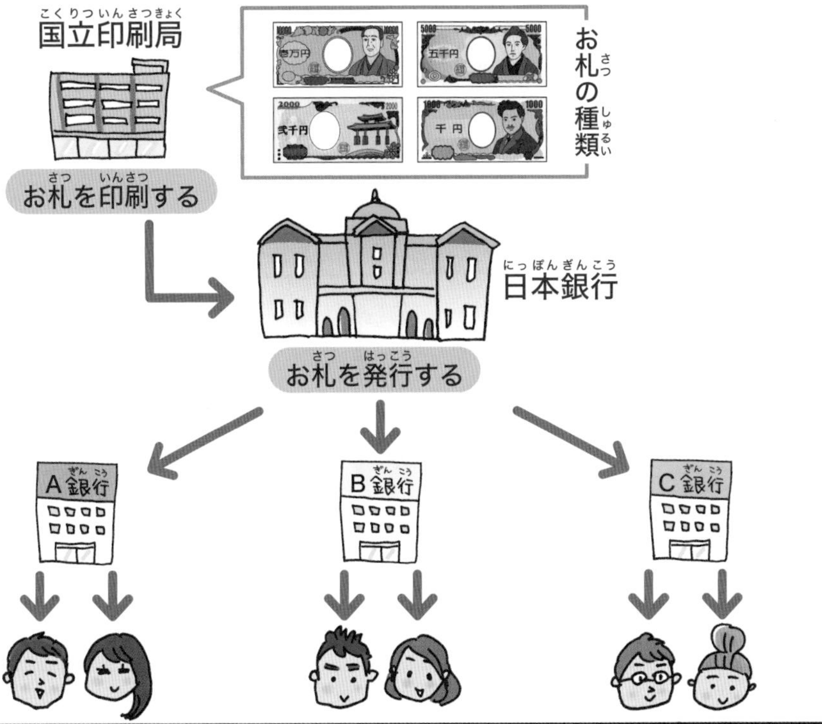

国立印刷局《こくりついんさつきょく》
お札《さつ》の種類《しゅるい》
壱万円
五千円
弐千円
千円
お札《さつ》を印刷《いんさつ》する
日本銀行《にっぽんぎんこう》
お札《さつ》を発行《はっこう》する
A銀行《ぎんこう》
B銀行《ぎんこう》
C銀行《ぎんこう》

500円玉《えんだま》とか10円玉《えんだま》とかも、日本銀行《にっぽんぎんこう》が発行《はっこう》してるの？
いえ、硬貨《こうか》は、造幣局《ぞうへいきょく》が作《つく》って、日本政府《にほんせいふ》が発行《はっこう》しています。
お札《さつ》をじゃんじゃん発行《はっこう》すれば、みんながお金持《かねも》ちになれるんじゃない？
それでは、お金《かね》の価値《かち》が下《さ》がってしまうので、お金持《かねも》ちにはなれません。日本銀行《にっぽんぎんこう》は、お金《かね》の価値《かち》が保《たも》たれるように、お札《さつ》の量《りょう》を調整《ちょうせい》して発行《はっこう》しているんですよ。

❷ “銀行《ぎんこう》の銀行《ぎんこう》”の役割《やくわり》

日本銀行《にっぽんぎんこう》には、一般《いっぱん》の銀行《ぎんこう》と取《と》り引《ひ》きをする、「銀行《ぎんこう》の銀行《ぎんこう》」という役《やく》割《わり》があります。個人《こじん》や会社《かいしゃ》などとは取《と》り引《ひ》きをしません。わたしたちが銀行《ぎんこう》にお金《かね》を預《あず》けたり、引《ひ》き出《だ》したり、借《か》りたりするように、一般《いっぱん》の銀行《ぎんこう》も、日本銀行《にっぽんぎんこう》との間《あいだ》で同《おな》じようなお金《かね》のやりとりをしています。

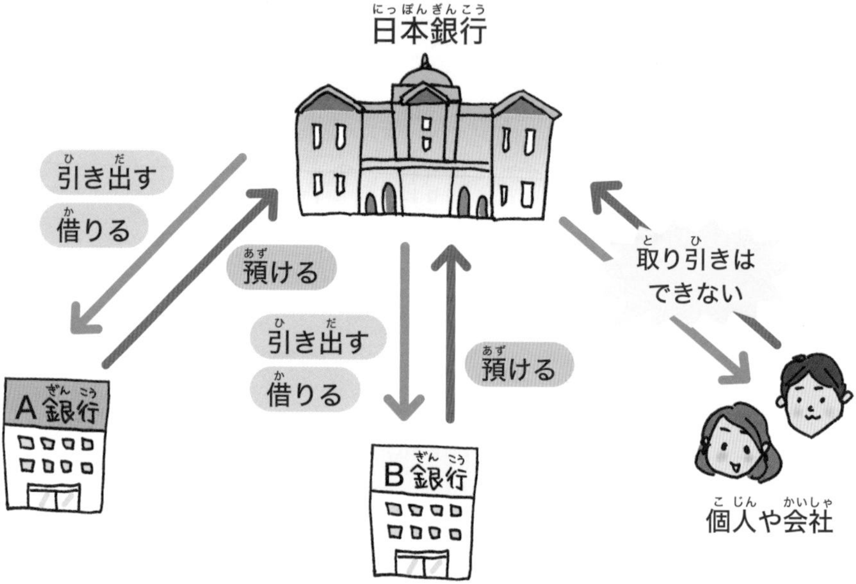
日本銀行《にっぽんぎんこう》
引《ひ》き出《だ》す
借《か》りる
預《あず》ける
引《ひ》き出《だ》す
借《か》りる
預《あず》ける
取《と》り引《ひ》きはできない
A銀行《ぎんこう》
B銀行《ぎんこう》
個人《こじん》や会社《かいしゃ》

年末《ねんまつ》など、お金《かね》がたくさん引《ひ》き出《だ》される時期《じき》には、一般《いっぱん》の銀行《ぎんこう》で、お金《かね》が足《た》りなくなることがあるんですよ。
銀行《ぎんこう》のお金《かね》がなくなっちゃうの!?
○○銀行《ぎんこう》
いっぱいお金《かね》がいるな…
ボクの預《よ》金《きん》は
?
そんなことが起《お》きないように、日本銀行《にっぽんぎんこう》と取《と》り引《ひ》きして、不足《ふそく》しないようにカバーしているんです。
グッ

❸ "政府《せいふ》の銀行《ぎんこう》" の役割《やくわり》

日本銀行《にっぽんぎんこう》には、政府《せいふ》の預金口座《よきんこうざ》があり、「政府《せいふ》の銀行《ぎんこう》」としての役割《やくわり》があります。政府《せいふ》は、国民《こくみん》から集《あつ》めた税金《ぜいきん》などを日本銀行《にっぽんぎんこう》に預《あず》けたり、国《くに》のために働《はたら》く人々《ひとびと》に支払《しはら》う給料《きゅうりょう》などを引《ひ》き出《だ》したりします。

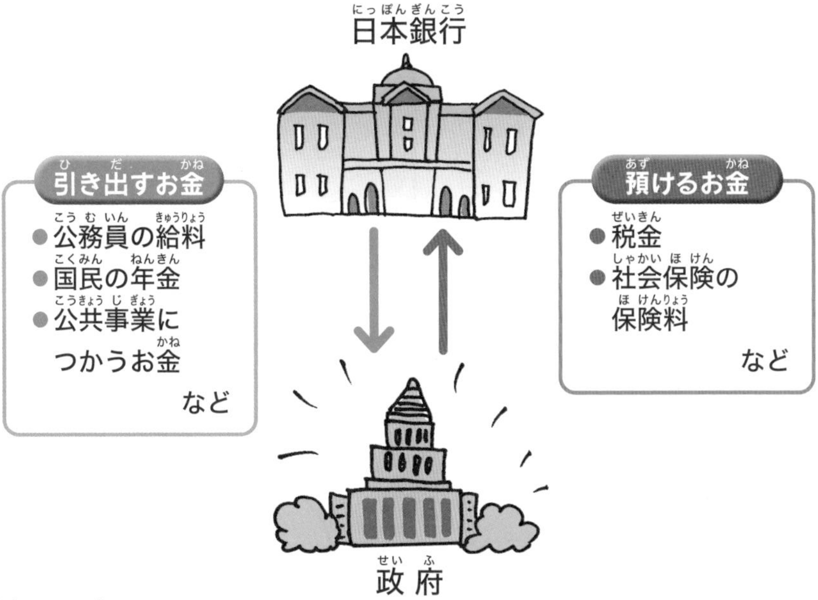
日本銀行《にっぽんぎんこう》
引《ひ》き出《だ》すお金《かね》
● 公務員《こうむいん》の給料《きゅうりょう》
● 国民《こくみん》の年金《ねんきん》
● 公共事業《こうきょうじぎょう》につかうお金《かね》
など
預《あず》けるお金《かね》
● 税金《ぜいきん》
● 社会保険《しゃかいほけん》の保険料《ほけんりょう》
など
政府《せいふ》

《保護者のかたへ》
状況により、見学ツアーが中止されていることもあります。日本銀行のHPにてご確認ください。

さすが銀行《ぎんこう》の王様《おうさま》！
すごいね！
ホッホッホ
どこにあるのか知《し》りたい！
東京都《とうきょうと》にあります。見学《けんがく》もできますよ。

好景気《こうけいき》、不景気《ふけいき》とは？

ねーねー
れいちゃん、フケーキって、どんなケーキ？食《た》べたことある？
知《し》らないわ。おふで作《つく》ったケーキ？
ご近所《きんじょ》さんがフケーキの話《はなし》をしてたの。
何度《なんど》も言《い》ってたからさ。
フケーキガーー
やっぱりフケーキよね！
どんなケーキなのか、気《き》になっちゃって。
!?
あの…。
それって、不景気《ふけいき》のことじゃないかしら…。
パパも最近《さいきん》、不景気《ふけいき》だから会社《かいしゃ》がもうからないって言《い》ってましたわ。
えっ
ケーキじゃない…？
ここは、わたしの出番《でばん》ですね。ケーキではない、不景気《ふけいき》と好景気《こうけいき》についてお話《はな》ししましょう。

好景気《こうけいき》って何《なん》だろう？

お店《みせ》がお客《きゃく》さんでにぎわって、ものがよく売《う》れたり、働《はたら》く人《ひと》の給料《きゅうりょう》が上《あ》がったり、株価《かぶか》が上《あ》がったりなど、経済活動《けいざいかつどう》が活発《かっぱつ》なことを「好景《こうけい》気《き》」といいます。つまり、世《よ》の中《なか》を回《まわ》るお金《かね》の量《りょう》が多《おお》い状態《じょうたい》です。

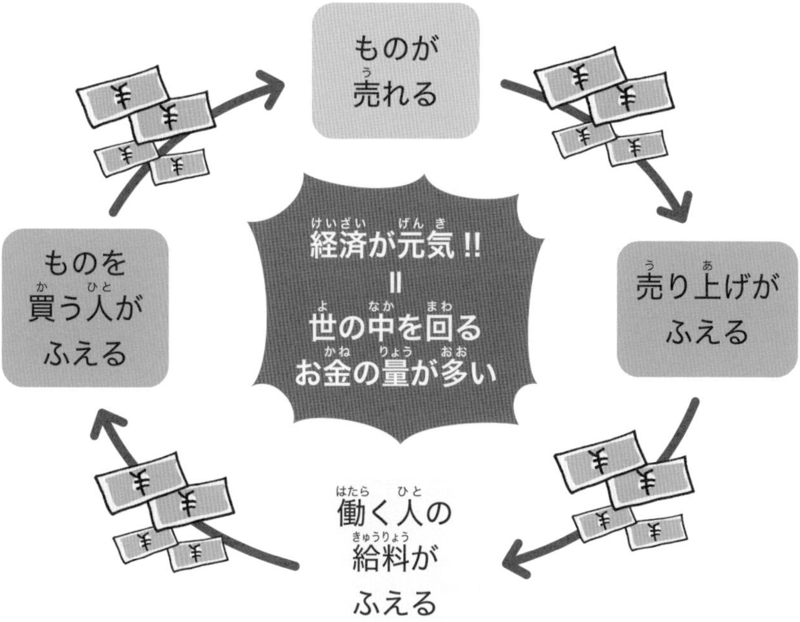

ものが売《う》れる
売《う》り上《あ》げがふえる
働《はたら》く人《ひと》の給料《きゅうりょう》がふえる
ものを買《か》う人《ひと》がふえる
経済《けいざい》が元気《げんき》!!
=
世《よ》の中《なか》を回《まわ》るお金《かね》の量《りょう》が多《おお》い

好景気《こうけいき》だと、ものを買《か》いたい人《ひと》がふえるので、結果的《けっかてき》にものの値段《ねだん》が上《あ》がります。
そうなったら、おこづかいも上《あ》がるのかな？
世《よ》の中《なか》を回《まわ》るお金《かね》がふえることになるので、その可能性《かのうせい》もありますニャ！
よっしゃ！
やったー！

不景気《ふけいき》って何《なん》だろう？

お店《みせ》に来《く》るお客《きゃく》さんが少《すく》なくて、ものが売《う》れなかったり、働《はたら》く人《ひと》の給料《きゅうりょう》が下《さ》がったり、株価《かぶか》が下《さ》がったりなど、経済活動《けいざいかつどう》が活発《かっぱつ》でない状態《じょうたい》を「不景気《ふけいき》」といいます。つまり、世《よ》の中《なか》を回《まわ》るお金《かね》の量《りょう》が少《すく》ない状態《じょうたい》です。

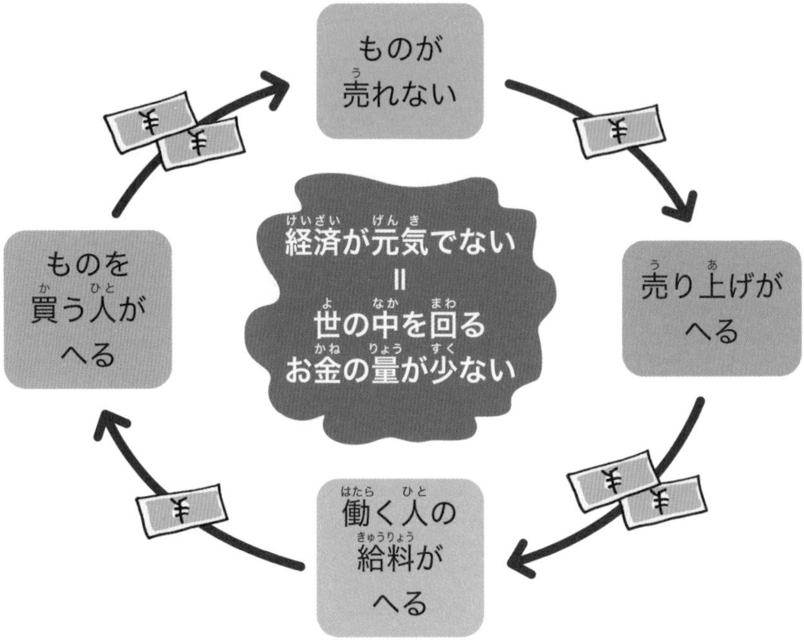
ものが売《う》れない
売《う》り上《あ》げがへる
働《はたら》く人《ひと》の給料《きゅうりょう》がへる
ものを買《か》う人《ひと》がへる
経済《けいざい》が元気《げんき》でない
＝
世《よ》の中《なか》を回《まわ》るお金《かね》の量《りょう》が少《すく》ない
¥

ものが売《う》れないので、結果的《けっかてき》にものの値段《ねだん》が下《さ》がります。
安《やす》く買《か》えるなら、不景気《ふけいき》のほうがいいんじゃない？
!?
景気《けいき》が悪《わる》いと、パパさんたちのお給料《きゅうりょう》がへって、みなさんのおこづかいもへって……ということになるかもしれませんよ。
エー

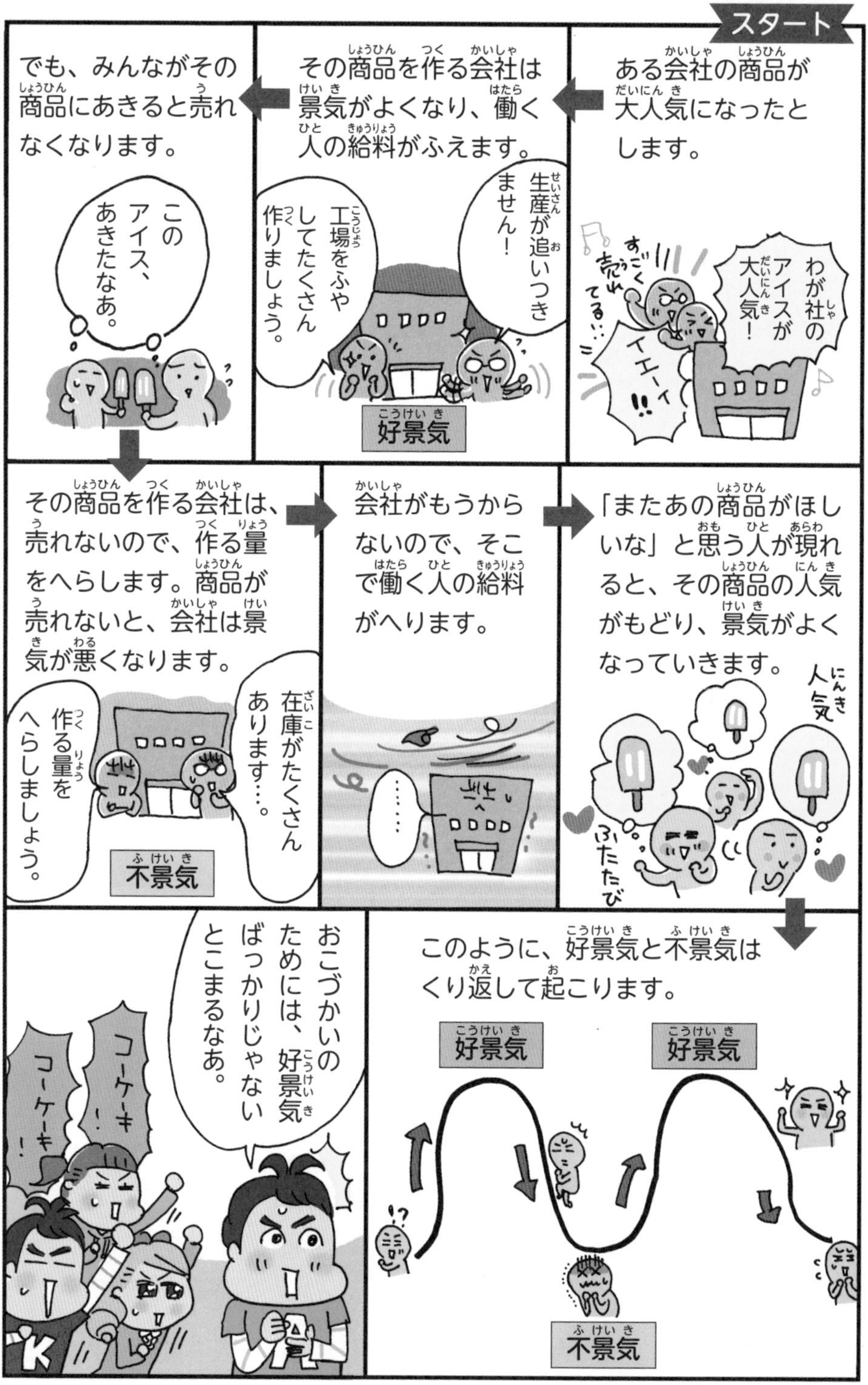

スタート
ある会社《かいしゃ》の商品《しょうひん》が大人気《だいにんき》になったとします。
わが社《しゃ》のアイスが大人気《だいにんき》!
すごく売《う》れてる…!!
イエーイ!!
その商品《しょうひん》を作《つく》る会社《かいしゃ》は景気《けいき》がよくなり、働《はたら》く人《ひと》の給料《きゅうりょう》がふえます。
生産《せいさん》が追《お》いつきません!
工場《こうじょう》をふやしてたくさん作《つく》りましょう。
好景気《こうけいき》
でも、みんながその商品《しょうひん》にあきると売《う》れなくなります。
このアイス、あきたなあ。
その商品《しょうひん》を作《つく》る会社《かいしゃ》は、売《う》れないので、作《つく》る量《りょう》をへらします。商品《しょうひん》が売《う》れないと、会社《かいしゃ》は景《けい》気《き》が悪《わる》くなります。
在庫《ざいこ》がたくさんあります…。
作《つく》る量《りょう》をへらしましょう。
不景気《ふけいき》
会社《かいしゃ》がもうからないので、そこで働《はたら》く人《ひと》の給料《きゅうりょう》がへります。
……
「またあの商品《しょうひん》がほしいな」と思《おも》う人《ひと》が現《あらわ》れると、その商品《しょうひん》の人気《にんき》がもどり、景気《けいき》がよくなっていきます。
人気《にんき》
ふたたび
このように、好景気《こうけいき》と不景気《ふけいき》はくり返《かえ》して起《お》こります。
好景気《こうけいき》
好景気《こうけいき》
不景気《ふけいき》
おこづかいのためには、好景気《こうけいき》ばっかりじゃないとこまるなあ。
コーケーキ!
コーケーキ!

インフレ、デフレとは？

景気《けいき》に関係《かんけい》のある話《はなし》を、おまけでお教《おし》えしましょう。
なになに？
むずかしい話《はなし》になりますけれどタダでサービスしておしえますからっ
それは、インフレとデフレです。
何《なん》だろ？
お笑《わら》いのコンビ名《めい》みたい。
どうも〜、インフレとデフレです！
って何《なん》やねん。
ちゃんと聞《き》いてニャン！
もーっ
ご、ごめんニャ…。
現在《げんざい》の日本《にほん》はデフレなんですよ。さらに、新型《しんがた》コロナウイルスの影響《えいきょう》で、多《おお》くの国《くに》でも厳《きび》しい状況《じょうきょう》が続《つづ》くといわれています。
経済《けいざい》がなかなか苦《くる》しい状態《じょうたい》なんですよ。
エーーッ！
そんなのこまるよ。

インフレ（インフレーション）って何《なん》だろう？

ものの値段《ねだん》が上《あ》がり続《つづ》ける状態《じょうたい》のことをインフレ（インフレーション）といいます。

●ほどよいインフレは、経済《けいざい》が活発《かっぱつ》になる

お給料《きゅうりょう》もふえたし、新《あたら》しい掃除機《そうじき》買《か》っちゃお。

●インフレが進《すす》みすぎると、こまったことになる！

こんなに高《たか》くなったら買《か》えないよ…。そんな急《きゅう》に給料《きゅうりょう》はふえないんだから！

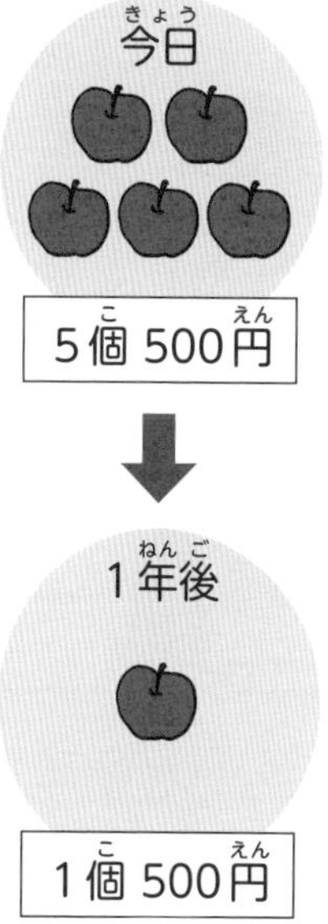

デフレ（デフレーション）って何《なん》だろう？

ものの値段《ねだん》が下《さ》がり続《つづ》ける状態《じょうたい》のことをデフレ（デフレーション）といいます。

●デフレは、お金《かね》をつかう人《ひと》がへり、ますます景気《けいき》が悪《わる》くなる

お給料《きゅうりょう》も上《あ》がらないし、大《おお》きな買《か》い物《もの》はしばらくやめておこうかな。

デフレは、経済《けいざい》にとってよくない状態《じょうたい》と言《い》えます。

外国《がいこく》のお金《かね》と、日本《にほん》のお金《かね》

冬休《ふゆやす》みに、モナコの友《とも》だちに会《あ》いにいくんですの。
エーッ
外国《がいこく》に友《とも》だちがいるなんて、かっこいい！
おみやげたのむぜ。
いいなー
外《がい》国《こく》!?スゲー
モナコのお金《かね》に両替《りょうがえ》するのをわすれてましたわ。
じいやと銀行《ぎんこう》にいってきますわね。
行ってらっしゃーい
おじょうさままいりましょう
ん？日本《にほん》のお金《かね》って外国《がいこく》ではつかえないの？
あったりまえでしょ。それぞれの国《くに》のお金《かね》があるんだから。
そっ…そうだったのか!!
ガーン
で、そのモナカの国《くに》は、どんなお金《かね》をつかってるの？
モナコですわ！
ズコー

その国《くに》でつかうことができるお金《かね》は決《き》まっています。これを**通貨《つうか》**といいます。日本《にほん》は「円《えん》」ですね。

イギリスは「ポンド」£

中国《ちゅうごく》は「人民元《じんみんげん》」

アメリカは「ドル」$

モナコは「ユーロ」€

ユーロはEU《イーユー》（欧州連合《おうしゅうれんごう》）加盟国《かめいこく》のうち、19か国《こく》で導入《どうにゅう》されているよ。
（※ 2021年現在）

韓国《かんこく》は「ウォン」₩

スイスは「スイス・フラン」Fr

シンガポールは「シンガポール・ドル」S$.

シンガポールのお札《さつ》は、プラスチックでできているんだって！

たとえば海外旅行《かいがいりょこう》に行《い》くときには、その国《くに》のお金《かね》が必要《ひつよう》になります。日本《にほん》の円《えん》を、その国《くに》のお金《かね》に両替《りょうがえ》するんですニャ。
いいな〜。海外旅行《かいがいりょこう》〜。
行《い》ってみたいよなあ。
海外《かいがい》の会社《かいしゃ》などと取《と》り引《ひ》きするときは、円《えん》をアメリカドル（米《べい》ドル）に両替《りょうがえ》して支払《しはら》うことが多《おお》いです。
そうでございます
国際的《こくさいてき》にもっとも信用《しんよう》されているのが、米《べい》ドルなんです。
一《いち》番《ばん》なんよ
ONE DOLLAR
モナコのお金《かね》に両替《りょうがえ》してきましたわ。
えーっ見《み》せてー
見《み》たい見《み》たい！
これ、ユーロっていうんだあ。
何《なん》の建物《たてもの》かなあ？
モ、モナカは…？
オレにも見《み》せてー。
わい
わい

円《えん》が高《たか》い？　円《えん》が安《やす》い？

円《えん》からの両替《りょうがえ》、今日《きょう》にしてよかったですわ。
何《なん》で？
昨日《きのう》は、1ユーロ125円《えん》だったけど、今日《きょう》は123円《えん》で、ちょっとだけ円《えん》が高《たか》くなっていたんですの。
トクした気分《きぶん》♪
!?
!?
えーと…それって、「安《やす》い」んじゃないの？ソンしてない？
オレ、理解《りかい》不能《ふのう》だぜ。
高《たか》いの？安《やす》いの？
両替《りょうがえ》で、お金《かね》がふえたりへったりするの？
通貨《つうか》の価値《かち》は、毎日《まいにち》変化《へんか》しているんですよ。
今回《こんかい》は、昨日《きのう》よりも今日《きょう》のほうが、円《えん》の価値《かち》が高《たか》かったということです。

円高《えんだか》って何《なん》だろう？

昨日《きのう》、1ドル100円《えん》だったものが、今日《きょう》は1ドル90円《えん》になっていたとします。これは、世界《せかい》の情勢《じょうせい》などによって、「ドルよりも円《えん》がほしい！」という人《ひと》が多《おお》くなり、その結果《けっか》、ドルの価値《かち》が低《ひく》くなり、円《えん》の価値《かち》が高《たか》くなった状態《じょうたい》です。これを円《えん》が高《たか》い、「円高《えんだか》」と言《い》います。

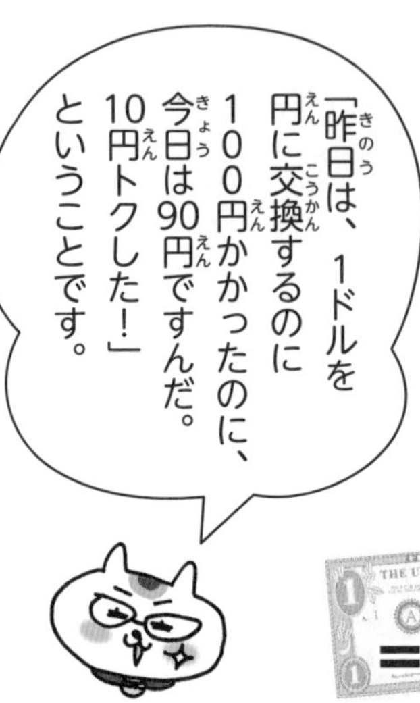
「昨日《きのう》は、1ドルを円《えん》に交換《こうかん》するのに100円《えん》かかったのに、今日《きょう》は90円《えん》ですんだ。10円《えん》トクした！」ということです。

昨日《きのう》
今日《きょう》
1ドル ＝100円《えん》
1ドル ＝90円《えん》

円高《えんだか》だとどんなことが起《お》こる？

- 外国《がいこく》から輸入《ゆにゅう》した商品《しょうひん》を安《やす》く買《か》える

- 海外旅行《かいがいりょこう》に安《やす》く行《い》ける

- 海外《かいがい》で売《う》る日本《にほん》の商品《しょうひん》が高《たか》くなって、売《う》れにくくなる

売《う》れない…

円安《えんやす》って何《なん》だろう？

昨日《きのう》、1ドル100円《えん》だったものが、今日《きょう》は1ドル110円《えん》になっていたとします。これは、世界《せかい》の情勢《じょうせい》などによって、「円《えん》よりもドルがほしい！」という人《ひと》が多《おお》くなり、その結《けっ》果《か》、ドルの価値《かち》が高《たか》くなり、円《えん》の価値《かち》が低《ひく》くなった状態《じょうたい》です。これを円《えん》が安《やす》い、「円安《えんやす》」と言《い》います。

「昨日《きのう》だったら、1ドルを円《えん》に交換《こうかん》するのに100円《えん》ですんだのに、今日《きょう》は110円《えん》かかった。10円《えん》ソンした！」ということです。

昨日《きのう》
1ドル＝100円《えん》
今日《きょう》
1ドル＝110円《えん》

円安《えんやす》だとどんなことが起《お》こる？

● 外国《がいこく》から輸入《ゆにゅう》した商品《しょうひん》が高《たか》くなる

高《たか》くて
あまり買《か》えない
な…
TOMA

● 海外旅行《かいがいりょこう》の費用《ひよう》が高《たか》くなる

今年《ことし》は国内《こくない》にしよう
しかたないわよね
国内ツアー
温泉

● 海外《かいがい》で、日本《にほん》の商品《しょうひん》が安《やす》くなって、売《う》れやすくなる

コレください
やったー!! うれた!

そして、2週間後《しゅうかんご》
おひさしぶり。モナコから帰《かえ》ってきましたわ。
おかえりー。
これ、おみやげ♡
モナコはどうだった？
とっても楽《たの》しかったですわ！
大好《だいす》きなチーズが、安《やす》くておいしくて！
いいなあ。わたしも将来《しょうらい》、お金《かね》を貯《た》めて行《い》くぞー！
ところで、れいちゃんは、レストランでチップをわたしましたか？
じいやがわたしてくれていますわ。
はい、わたくしが。
チップ？
レストランやホテルなどで、お店《みせ》の人《ひと》にお礼《れい》としてわたすお金《かね》のことです。
日本《にほん》にはない習《しゅう》かんですね！

ところで、3章《しょう》でお金《かね》をふやす方法《ほうほう》をお話《はな》ししたのを覚《おぼ》えていますか？
株式投資《かぶしきとうし》や、投資信託《とうししんたく》などの話《はなし》です。
うん、お金《かね》もうけの話《はなし》だよね！
そうですニャ。
K
なんと、通貨《つうか》のしくみを利用《りよう》した投資《とうし》もあるんですよ。外貨預金《がいかよきん》といいます。

外貨預金《がいかよきん》のしくみ

円《えん》をドルに両替《りょうがえ》して預《あず》ける

1ドル＝100円《えん》のとき

10,000円《えん》が100ドルになる

↓

預《あず》けたときよりも円安《えんやす》のときに、ドルから円《えん》に両替《りょうがえ》する

1ドル＝110円《えん》のとき

100ドルが11,000円《えん》になる

1,000円《えん》のもうけ

たとえば、円《えん》を米《べい》ドルに両替《りょうがえ》して預《よ》金《きん》をします。そして、預《あず》けたときよりも円安《えんやす》のときに、円《えん》にもどします。すると、差額分《さがくぶん》がもうけになります。

《保護者のかたへ》外貨への両替や預金には手数料がかかります。

税金《ぜいきん》って、何《なん》のためのお金《かね》？

また税金《ぜいきん》が上《あ》がってるなあ。
ええっ、そうなの!?
払《はら》わなきゃいけないけど、けどけど、何《なん》かねえ…。
!!
プス〜
プス
ママさん、カレーがこげてますよ！
はっ！
かきまぜるのわすれてたわ！
税金《ぜいきん》!?
父《とう》ちゃんたち、よく税金《ぜいきん》の話《はなし》をしてるよね。
まあ、オレたちには関係《かんけい》ないけど。
ピクッ
おやおや？ おふたりさんだって税金《ぜいきん》を払《はら》っていますよ。
それは…
消費税《しょうひぜい》!!
あっ！
そうだ！

税金《ぜいきん》ってどんなもの？

みんなが安全《あんぜん》で健康《けんこう》なくらしができるように、少《すこ》しずつ出《だ》し合《あ》うお金《かね》を「税金《ぜいきん》」といいます。国《くに》や地方自治体《ちほうじちたい》がこのお金《かね》をつかって、くらしやすい社会《しゃかい》を作《つく》るための仕事《しごと》をします。わたしたちは、ものを買《か》ったり、収入《しゅうにゅう》を得《え》たりするときに、さまざまな税金《ぜいきん》を国《くに》や地方自治体《ちほうじちたい》におさめています。

物《もの》を買《か》う

これください!

➡ 消費税《しょうひぜい》

給料《きゅうりょう》をもらう

会社《かいしゃ》
給与《きゅうよ》

➡ 所得税《しょとくぜい》

会社《かいしゃ》が利益《りえき》を得《え》る

➡ 法人税《ほうじんぜい》

自動車《じどうしゃ》を買《か》う ➡ 自動車税《じどうしゃぜい》

車《くるま》にガソリンを入《い》れる

➡ ガソリン税《ぜい》

お酒《さけ》を買《か》う

ビール

➡ 酒税《しゅぜい》

温泉《おんせん》に入《はい》る

➡ 入湯税《にゅうとうぜい》

ゴルフ場《じょう》の利用《りよう》

➡ ゴルフ場利用税《じょうりようぜい》

たばこを買《か》う

タバコ

➡ たばこ税《ぜい》

税《ぜい》の種類《しゅるい》は約《やく》50種類《しゅるい》ほどあるそうですよ。

おさめた税金《ぜいきん》はどうなる?

税金《ぜいきん》は、みんなが安全《あんぜん》で健康《けんこう》なくらしができるように、さまざまなことにつかわれています。

消防署《しょうぼうしょ》の仕事《しごと》
医療《いりょう》
学校《がっこう》や図書館《としょかん》をつくる
道路《どうろ》の整備《せいび》など
ゴミの収集《しゅうしゅう》
警察《けいさつ》の仕事《しごと》
POLICE
公務員《こうむいん》の給料《きゅうりょう》

《保護者のかたへ》子どもの医療費負担額は、各自治体によって異なります。

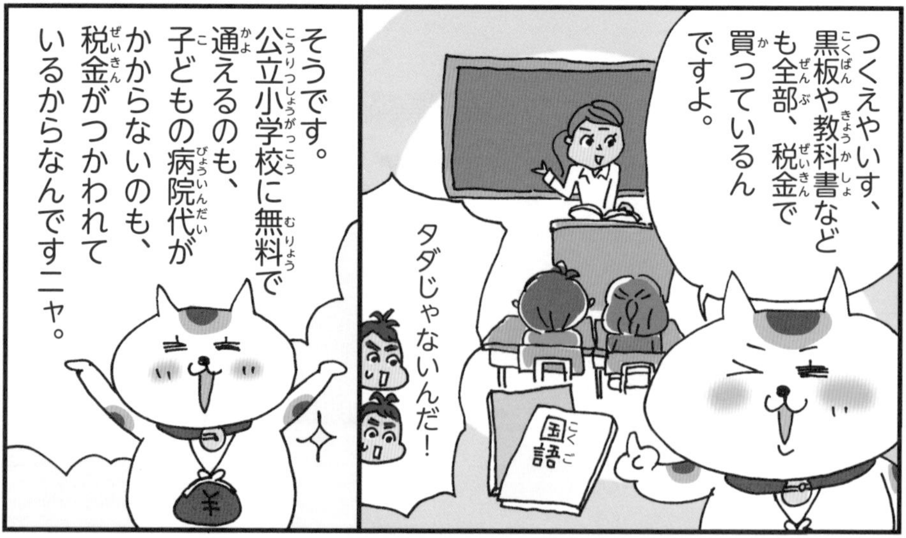
つくえやいす、黒板《こくばん》や教科書《きょうかしょ》なども全部《ぜんぶ》、税金《ぜいきん》で買《か》っているんですよ。
国語《こくご》
タダじゃないんだ!
そうです。公立小学校《こうりつしょうがっこう》に無料《むりょう》で通《かよ》えるのも、子《こ》どもの病院代《びょういんだい》がかからないのも、税金《ぜいきん》がつかわれているからなんですニャ。

もし、みんなが税金《ぜいきん》をおさめなかったら、どうなるの？
そうですねぇ…たとえば、こんな社会《しゃかい》になるかもしれません。
見《み》てくださいニャ！
●おまわりさんがいない
だれか〜
まて〜
ヒヒヒ
●学校《がっこう》で勉強《べんきょう》ができない
●治療費《ちりょうひ》が高《たか》くなる
おなかがいたい…
病院《びょういん》は高《たか》いから行けないわ…
●道路《どうろ》がこわれたまま
足《あし》がぬけない…
●火事《かじ》を消《け》せない
消防車《しょうぼうしゃ》がいない！
ヒイイ〜
…と、今《いま》のような生活《せいかつ》はできなくなりますね。
こわいーーー!!
税金《ぜいきん》をおさめることは、日本《にほん》の憲法《けんぽう》でも定《さだ》められているんですニャ！
※日本国憲法第三十条《にほんこくけんぽうだいさんじゅうじょう》で義務付《ぎむづ》けられています。

子《こ》どももおさめている、消費税《しょうひぜい》！

たとえば、ノートを135円《えん》で買《か》ったとすると、123円《えん》がノートのお金《かね》、残《のこ》りの12円《えん》が消費税《しょうひぜい》（10%）となります。123円《えん》はノートの代金《だいきん》としてお店《みせ》が受《う》け取《と》り、12円《えん》は、消費税《しょうひぜい》としてお店《みせ》から国《くに》に支払《しはら》われています。

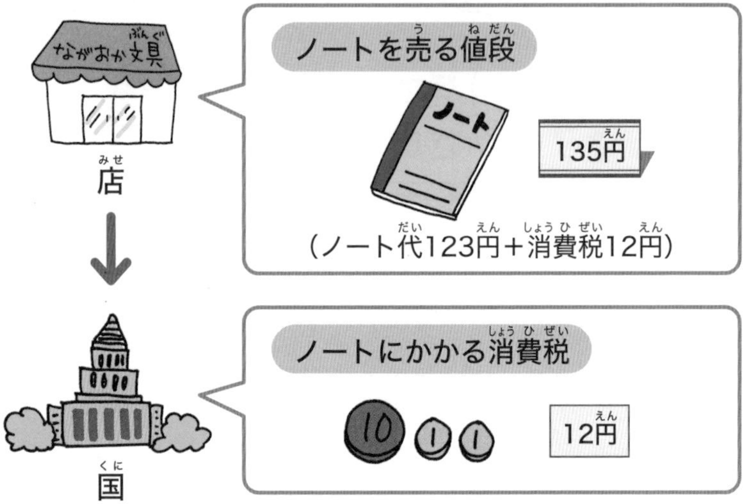
ながおか文具《ぶんぐ》
店《みせ》
国《くに》
ノートを売《う》る値段《ねだん》
ノート
135円《えん》
（ノート代《だい》123円《えん》＋消費税《しょうひぜい》12円《えん》）
ノートにかかる消費税《しょうひぜい》
10
1
1
12円《えん》

《保護者のかたへ》
標準税率 10%（消費税率 7.8%、地方消費税率 2.2%）で、飲食料品等には軽減税率８%（消費税率 6.24%、地方消費税率 1.76%）が適用されます。（※ 2021年２月現在）

ノートの代金《だいきん》といっしょに支払《しはら》っていますが、レシートを見《み》ればちゃんと消費税《しょうひぜい》と書《か》いてあります。
あっ、ほんとだ！
オレらも払《はら》ってたんだな。

ああ……。消費税《しょうひぜい》がなければ買《か》えたのに！
サクサク チョコパイ
税込《ぜいこみ》220円《えん》
ショック！
この前《まえ》、こんなことがあってさ。税金《ぜいきん》って、お金《かね》を取《と》られてる感《かん》じがするんだよなー。
わかるー
わかるー
何《なに》か、ソンしてる気分《きぶん》になるよね。
もうわすれちゃったんですか!? 世《よ》の中《なか》をなめてはいけませんニャ！
わたしたちは、だれかがおさめた税金《ぜいきん》で、安全《あんぜん》で健康《けんこう》なくらしができているんです！
カッ
喝！
ごごご、ごめんなさい！
でも、税金《ぜいきん》がどうつかわれているかが、わかりづらいから、ソンした気分《きぶん》になるのかもしれませんニャ。
税金《ぜいきん》のつかい方《かた》を決《き》めるのは、大人《おとな》たちが選《えら》んだ政治家《せいじか》です。政治家《せいじか》を選《えら》ぶのは選挙《せんきょ》！18才《さい》から参加《さんか》できますよ。
政治家《せいじか》は国民《こくみん》の代表《だいひょう》だニャ！

年金《ねんきん》って何《なん》だろう?

あなた、年金《ねんきん》はどうする? このお店《みせ》もいつまで続《つづ》けられるかわからないしねえ。
フラワーショップ ハナ
70才《さい》になったら受《う》け取《と》ることにすればいいんじゃないか?
年金《ねんきん》?
じいちゃん、年金《ねんきん》って何《なに》?
わく わく
だれかがお金《かね》をくれるの?
K
A
年金《ねんきん》とは、国《くに》の社会《しゃかい》保《ほ》障《しょう》制《せい》度《ど》のひとつです。
ええっ、またむずかしい話《はなし》?
年金《ねんきん》
ポン
大人《おとな》は、働《はたら》いてお金《かね》をかせいで生活《せいかつ》していますよね。でも、年《とし》をとったり、けがや病気《びょうき》にかかって、働《はたら》けなくなることもあります。そんなときに助《たす》け合《あ》うためのしくみが、社会《しゃかい》保《ほ》障《しょう》制《せい》度《ど》です。
まず、年金《ねんきん》についてお話《はな》ししましょう!
お代《だい》はお花《はな》でいいですよ・・
パッ

年金《ねんきん》のしくみ

20才以上《さいいじょう》の人《ひと》がおさめた年金保険料《ねんきんほけんりょう》が、お年《とし》よりの年金《ねんきん》になります。今《いま》はそれだけでは足《た》りないので、税金《ぜいきん》の一部《いちぶ》を年金《ねんきん》に加《くわ》えています。年金保険料《ねんきんほけんりょう》をおさめていた人《ひと》が、自分《じぶん》がお年《とし》よりになったときに年金《ねんきん》をもらえます。

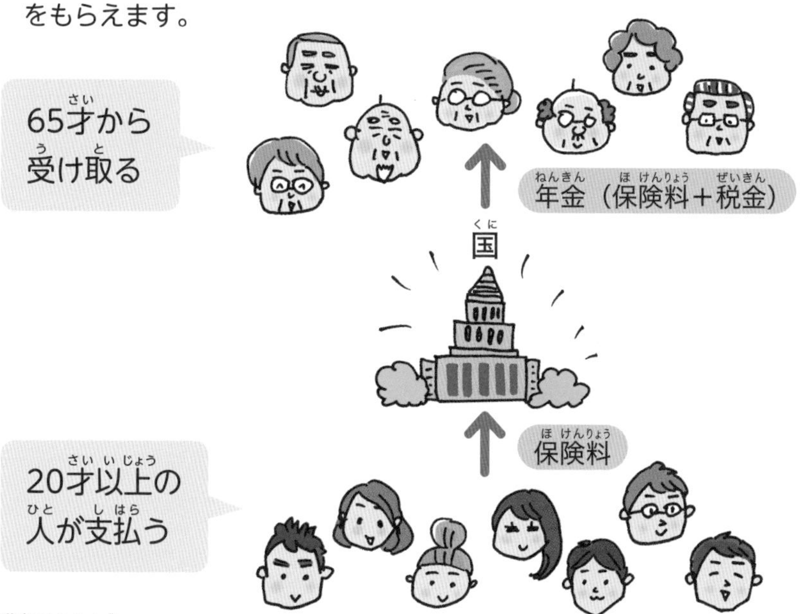
65才《さい》から受《う》け取《と》る
年金《ねんきん》（保険料《ほけんりょう》＋税金《ぜいきん》）
国《くに》
保険料《ほけんりょう》
20才以上《さいいじょう》の人《ひと》が支払《しはら》う

《保護者のかたへ》
年金には、「遺族年金」や「障害年金」がありますが、ここでは「老齢年金」について取り上げています。

じゃあ、ボクたちがおじいちゃんになったら、だれが保険料《ほけんりょう》を払《はら》ってくれるの？
おふたりのお子《こ》さんやお孫《まご》さんたちの世代《せだい》に支《ささ》えてもらうことになるでしょう。
おじいちゃんとおばあちゃんも、わかいときから、ずっと保険料《ほけんりょう》をおさめて、お年《とし》よりの年金《ねんきん》を支《ささ》えてきたんですよ。
そうなんだね！

社会保険《しゃかいほけん》

保険料《ほけんりょう》をおさめて、もしものときのためにそなえておく制度《せいど》には、年《ねん》金保険《きんほけん》のほかに、医療保険《いりょうほけん》などがあります。これらをまとめて、社会《しゃかい》保険《ほけん》といいます。

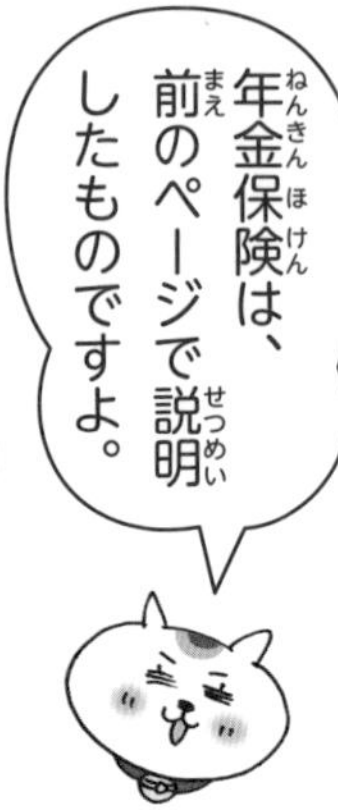
年金保険《ねんきんほけん》は、前《まえ》のページで説明《せつめい》したものですよ。

医療保険《いりょうほけん》（健康保険《けんこうほけん》）
病気《びょうき》やけがをしたときの治療費《ちりょうひ》が１～３割《わり》の負担《ふたん》ですむ制度《せいど》

年金保険《ねんきんほけん》
高齢者《こうれいしゃ》や、障害《しょうがい》のある人《ひと》などを支《ささ》える制度《せいど》

介護保険《かいごほけん》
介護《かいご》が必要《ひつよう》なとき、介護《かいご》にかかる費用《ひよう》が一部《いちぶ》の負担《ふたん》ですむ制度《せいど》

労働保険《ろうどうほけん》
仕事《しごと》を失《うしな》い給料《きゅうりょう》が入《はい》ってこなくなったときに、お金《かね》が支払《しはら》われる制度《せいど》

母《かあ》ちゃん、うちも保険料《ほけんりょう》をおさめているの？
もちろん！毎月《まいつき》お給料《きゅうりょう》から引《ひ》かれる形《かたち》で支払《しはら》っているのよ。

社会保障《しゃかいほしょう》

社会保険《しゃかいほけん》のほかにも、国《くに》が国民《こくみん》の生活《せいかつ》を守《まも》るための助《たす》け合《あ》いの制度《せいど》があります。これらをまとめて、社会保障《しゃかいほしょう》といいます。

公的扶助《こうてきふじょ》

生活《せいかつ》にこまっている人《ひと》たちの生活《せいかつ》を保障《ほしょう》する制度《せいど》

右《みぎ》ページに書《か》いてあるものだね。

社会保険《しゃかいほけん》

年金保険《ねんきんほけん》・医療保《いりょうほ》険《けん》・労働保険《ろうどうほけん》・介《かい》護保険《ごほけん》などがある

社会福祉《しゃかいふくし》

高齢者《こうれいしゃ》や障害《しょうがい》のある人《ひと》、子《こ》どもたちの生活《せいかつ》を保障《ほしょう》する制度《せいど》

公衆衛生《こうしゅうえいせい》

予防接種《よぼうせっしゅ》や検診《けんしん》、ごみの処理《しょり》など、衛生的《えいせいてき》な生活《せいかつ》を保《ほ》障《しょう》する制度《せいど》

ウイルスの予《よ》防《ぼう》は公衆衛生《こうしゅうえいせい》なのかあ。

だれでも年《とし》をとれば思《おも》うように働《はたら》けなくなりますし、わかくても、思《おも》わぬ病気《びょうき》や事故《じこ》にあうこともあるんですよ。
人《ひと》は、ひとりでは生《い》きていけないってことよ!
って、
だれも聞《き》いて…ない!!

保険《ほけん》って何《なん》だろう?

はあ、自動車保険《じどうしゃほけん》のお金《かね》、どうしようかしら…。
ま・あ・ちゃん♡
チラッ
ウフ♡
まあちゃんの貯《た》めてるお金《かね》、わたしがつかってもいいのよね?
ギク!!
ちょっとだけ、借《か》りたいのー。
ダメです!これはわたしのへそくりですよ。
パパさんに相談《そうだん》してくださいよー
バタ
バタ
うるさくて宿題《しゅくだい》が進《すす》まないよー。
自動車《じどうしゃ》保険《ほけん》って何《なん》のこと?
失礼《しつれい》、失礼《しつれい》!自動車保険《じどうしゃほけん》は、事故《じこ》などが起《お》きたときのために、
お金《かね》を出《だ》し合《あ》ってそなえるものです。保険会社《ほけんがいしゃ》に保険料《ほけんりょう》を支払《しはら》います。
もしもにそなえていれば、安心《あんしん》ですからね。
保険《ほけん》

保険《ほけん》にはどんなものがある？

さまざまな種類《しゅるい》があります。どれも保険料《ほけんりょう》を保険会社《ほけんがいしゃ》に支払《しはら》い、こまったときのためにそなえるものです。必《かなら》ず入《はい》らなくてはいけないものではありませんが、入《はい》るとしたら、その人《ひと》の生活《せいかつ》に合《あ》ったものを選《えら》ぶことが重要《じゅうよう》です。

自動車保険《じどうしゃほけん》

自動車事故《じどうしゃじこ》などにそなえるしくみ

生命保険《せいめいほけん》

なくなったときに、家族《かぞく》のためにそなえるしくみ

みんな元気《げんき》でな…

医療保険《いりょうほけん》

病気《びょうき》などにそなえるしくみ

災害保険《さいがいほけん》

火事《かじ》や地震《じしん》などにそなえるしくみ

大人《おとな》って、いろんな心配事《しんぱいごと》にそなえないといけないんだなあ。
大変《たいへん》だな〜
まあちゃん、デパートのセールに行《い》きたいからお金《かね》ちょうだい〜。
これは、ワタシのへそくりですってば！
むだづかい禁止《きんし》！
母《かあ》ちゃんには、まあちゃんがいてよかったな。
な…。

国《くに》が借金《しゃっきん》をしている!?

本日《ほんじつ》のニュースです。財務省《ざいむしょう》の発表《はっぴょう》によりますと、国《くに》の借金《しゃっきん》が、
1114兆《ちょう》5400億円《おくえん》となり、過去最大《かこさいだい》となりました。※1
NEWS《ニュース》
すっ、すごい金額《きんがく》!! 0がいくつつくんだ!?
ズバリ、こちらでございます!
ジャーン
1,114,540,000,000,000円《えん》
ギャー
なんじゃこりゃあ〜!
このお金《かね》を1万円札《まんえんさつ》で積《つ》み上《あ》げるとしたら、1万《まん》1145・4㎞《キロメートル》の高《たか》さになります。スカイツリー(634m《メートル》)の約《やく》1万《まん》7600倍《ばい》、富士山《ふじさん》(3776m《メートル》)だと、約《やく》2952倍《ばい》もの高《たか》さになるんですよ。※2
どんだけー!
借金《しゃっきん》
きびしー
ヨロ…
ヨロ…
そんなお金《かね》、だれに借《か》りてるの?
返《かえ》せるの…?

どうして借金《しゃっきん》をしているの？

日本《にほん》の歳入《さいにゅう》（収入《しゅうにゅう》）のほとんどは、個人《こじん》や企業《きぎょう》がおさめた税金《ぜいきん》です。この税金《ぜいきん》の合計金額《ごうけいきんがく》が、歳出《さいしゅつ》（支出《ししゅつ》）よりも、うんと少《すく》ないのです。つまり大赤字《おおあかじ》の状態《じょうたい》です。そのため、この赤字《あかじ》をおぎなうために、毎年度《まいねんど》、借金《しゃっきん》をしているのです。その結果《けっか》、借金額《しゃっきんがく》がどんどんふくらんでいます。

歳入《さいにゅう》

（1年間《ねんかん》で入《はい》ってくるお金《かね》）

税金《ぜいきん》

など

赤字分《あかじぶん》

借金《しゃっきん》でおぎなっている

約《やく》4割《わり》が借金《しゃっきん》 ※3

歳出《さいしゅつ》

（1年間《ねんかん》でつかうお金《かね》）

- 社会保障《しゃかいほしょう》
- 公共事業《こうきょうじぎょう》
- 借金《しゃっきん》を返《かえ》す

など

だれからお金《かね》を借《か》りている？

国《くに》は、「国債《こくさい》」を発行《はっこう》して、個人《こじん》や銀行《ぎんこう》などに買《か》ってもらう形《かたち》でお金《かね》を借《か》りています。こうして集《あつ》めたお金《かね》は、歳入《さいにゅう》の赤字分《あかじぶん》に当《あ》てられます。

国債《こくさい》には利息《りそく》がつくので、投資《とうし》として利用《りよう》することができるんですよ。

《保護者のかたへ》※1）2020年5月の情報です。※2）100万円を1㎝として算出しています。
※3）2018年度の財務省データに基づいています。

借金《しゃっきん》までしなくたって、つかうお金《かね》をへらせばいいんじゃないの？
それが、むずかしくて…。少子高齢化《しょうしこうれいか》が進《すす》んでいると聞《き》いたことがありませんか？
子《こ》ども 少
お年《とし》より 多
子《こ》どもが少《すく》なくて、お年《とし》よりが多《おお》いと、借金《しゃっきん》がふえるの？

少子高齢化《しょうしこうれいか》とは？

- 年金《ねんきん》や医療《いりょう》・介護《かいご》などにかかるお金《かね》がふえる
- 働《はたら》く人《ひと》がおさめる税金《ぜいきん》がへる

お金《かね》が足《た》りなくなる！

お年《とし》よりが多《おお》くなると、その分《ぶん》、年金《ねんきん》や医療《いりょう》、介護《かいご》などにかかるお金《かね》を国《くに》がたくさん支払《しはら》うことになります。でも、働《はたら》いて税金《ぜいきん》をおさめるわかい世代《せだい》が少《すく》ないので、国《くに》の収入《しゅうにゅう》がふえません。そのため、つかうお金《かね》がふえているのに、入《はい》ってくるお金《かね》がふえないので、お金《かね》が足《た》りなくなってしまうのです。

国《くに》も借金《しゃっきん》をなんとかしたいと考《かんが》えているんですよ…。
そうだよな。オレでも借金《しゃっきん》はよくないって、わかるぜー。
実《じつ》は、消費税《しょうひぜい》を上《あ》げるのは、税収《ぜいしゅう》をふやして借金《しゃっきん》をへらそうという考《かんが》えからなんですよ。
この先《さき》、またいつ上《あ》がるかもわかりませんね。
マジでー!?
これ以上《いじょう》消費税《しょうひぜい》が上《あ》がったら、おこづかいが足《た》りなくなるよ!
おこづかいがへっちゃう!
ちなみに、デンマークやスウェーデンなどでは、消費税《しょうひぜい》が25%なんですよ。
(※軽減税率を含む。2021年現在)
エーーッ
消費税《しょうひぜい》がアップしたらどうなる?
国《くに》の借金《しゃっきん》をへらせるかもしれない
社会保障《しゃかいほしょう》が今《いま》よりよくなるかもしれない
でも、景気《けいき》が悪《わる》くなるかもしれない
いろいろとむずかしい問題《もんだい》ですニャ。

さて。お金《かね》の勉強《べんきょう》は、どうでしたか？
お金《かね》と世《よ》の中《なか》のしくみ、知《し》らないことばっかりだった！
おかしを買《か》ったお金《かね》が、だれかのお給料《きゅうりょう》になってるなんてなあ。
オレは、計画的《けいかくてき》におこづかいをつかう男《おとこ》になるぜ！
そして、大金《おおがね》持《も》ちになってやるんだ！
おぉ〜っ
NEWS
ニュース
お金《かね》は、社会《しゃかい》の出来事《できごと》と深《ふか》くつながっています。
ニュースをよく見《み》て、社会《しゃかい》に関心《かんしん》を持《も》つようにしてくださいね。
新聞《しんぶん》
そして、何《なん》のためにお金《かね》を貯《た》めるのかということを、よく考《かんが》えてみてください。
10000
1000
100
1
10
50
お金《かね》は、夢《ゆめ》をかなえるための手段《しゅだん》で、道具《どうぐ》のひとつです。うまくつかいこなせるようになってくださいニャ。

ところでママさん、へそくりがだいぶ貯《た》まりましたよ。
あら、いい音《おと》してるわ。
ジャラ
ジャラ
ありがとう、うれしい!!
ニャフフフ♡
えっ!?ってことは…
まあちゃんがお金《かね》を要求《ようきゅう》してたのは、ママのへそくりを貯《た》めるためだったの!?
わたしは、貯金箱《ちょきんばこ》ですからね!
さて、おふたりとも、お金《かね》のことはもう大丈夫《だいじょうぶ》ですね。そろそろお別《わか》れです…。
えっ、まあちゃん、貯金箱《ちょきんばこ》にもどっちゃうの!?
お別《わか》れなんて、いやだよっ。
もっと話《はなし》を聞《き》かせてよー。
まあちゃん…
千万両
そうですか…? では、このままでいましょうニャ!
テヘ♡
ポン
もどるのはやっ!!

おわりに

保護者のかたへ

皆さんのご家庭では、お子さんとどのくらいお金の話をしているでしょうか。この本に出てくるお金のこと以外にも、お子さんはきっと、たくさんの〝なぜ？　なに？〟を抱えています。

我が家の長女がお金のことに関心を持ったのは、彼女が9才のころ、夫婦で家計の話をしていたときに、「保険ってなに？」「何ももらってないのに、お金を払っているの？」と話に入ってきたことがきっかけでした。

それから始まったのが「家族マネー会議」です。月に一度、家族が集まり、我が家はどのくらい収入があって、どういう支出をしていて、貯金はこれくらい、という話を基本にして、さらに、ほしいものをどう買うかなどを話し合うようになりました。この会議は、子どもが生まれるたびに参加者を増やし、長女、次女が大学を卒業した今も続いています。

会議を続けてきて感じたことは、お金の価値がわからない子どもにその価値を理解させるには、「くり返し伝え、体験させることが大切」ということです。

私ぐらいの世代は、「お金のことは心配しなくてもいい」と言われて育った人が多いと思います。ですから、子どもに心配されたり、外で余計なことを言われたりしないようにと、お金事情は、子どもには話さないようにしているというご家庭が多いのだと察します。

ですが、実はそれでは、子どもはいつまでも「生きたお金のつかい方」を覚えられません。

私たちの目の前にある商品やサービスには、すべて値段がついています。値段は、お金を支払うかどうかを検討する目安のひとつになりますが、〝値段〟だけで、その〝価値〟までの判断ができるでしょうか。

その値段が高いか、安いか。それは、購

入を判断する基準になることがあります。ですが、それだけでよいのでしょうか。値段だけでそのものの価値までを決めることはできません。

参加費が少し高くてもやってみたい体験、安くても自分にはすごく便利そうに思える道具…。ものの価値について、判断の仕方はいろいろです。そして、まだ経験の少ない子どもにそれを伝えるのは、簡単なことではないと思います。

お金の価値は、誰にでも平等です。千円は、誰にとっても千円。つかうときも稼ぐときも、千円は千円です。

ですが、その千円に対するありがたみの感じ方は人それぞれ。その人のつかい方によって千円以上の価値になるものもありますし、千円どころか百円の価値もないものになってしまうこともあります。そう、お金は、つかい方によってその価値を変えるのです。

ですから私は、子どもたちには、日頃からのお金との向き合い方、つかい方、生活習慣、環境など、いろいろなものが影響し合う中で、その子なりの価値観を育てていってほしいと考えています。

そういう意味で、月に一度開催している家族マネー会議は、親の価値観を伝える場にもなっていますし、子どもの考えも知ることができ、お互いにお金についての考えを深められる格好の機会です。

とはいえ、子育てに正解はありません。お子さんとコミュニケーションを重ねていくうちに、しっくりくる着地点が見つかるはずです。本書をきっかけに、皆さんがご家族で気軽にお金の話ができるようになることを願っています。

横山光昭

監修《かんしゅう》　横山光昭（よこやま みつあき）

家計再生《かけいさいせい》コンサルタント。ファイナンシャルプランナー。株式会社《かぶしきがいしゃ》マイエフピー代表取締役社長《だいひょうとりしまりやくしゃちょう》。独自《どくじ》の貯金《ちょきん》プログラムで家計《かけい》を再生《さいせい》させる事業《じぎょう》を行《おこな》っている。

どんな子《こ》だった？　小学生《しょうがくせい》のころは、次《つぎ》の日《ひ》の授業《じゅぎょう》や行事《ぎょうじ》の準備《じゅんび》をしっかりとやる子《こ》でした。遊《あそ》びやいたずらなど楽《たの》しくてワクワクするようなことを見《み》つけては、率先《そっせん》して仲間《なかま》を集《あつ》めてやるようなガキ大将的《だいしょうてき》な面《めん》もありましたね。病院《びょういん》がきらいで体調《たいちょう》が悪《わる》くても連《つ》れていかれそうになるとにげ回《まわ》っていました。

マンガ　すぎうらゆう

埼玉県出身《さいたまけんしゅっしん》。イラストレーター・マンガ家《か》。おもしろほっこり系《けい》が得意《とくい》。

どんな子《こ》だった？　かわいいおこづかい帳《ちょう》を買《か》ったものの、買《か》ってから１ページしか書《か》かなかったという…ズボラ女子《じょし》でした。タイムマシンに乗《の》って、小学生《しょうがくせい》のころの自分《じぶん》にこの本《ほん》をプレゼントしたいなあ。

【スタッフ】
編集協力　板谷路子
本文デザイン　加藤朝代（編集室クルー）
装丁デザイン　鈴木大輔・江﨑輝海（ソウルデザイン）
校正　くすのき舎

10才《さい》からのお金《かね》の貯《た》め方《かた》・つかい方《かた》

2021年　4月10日　第1刷発行
2024年　3月10日　第8刷発行

監　修　横山光昭
マンガ　すぎうらゆう

発行者　永岡純一
発行所　株式会社永岡書店
〒176-8518　東京都練馬区豊玉上1-7-14
（代表）03-3992-5155　（編集）03-3992-7191

印刷・製本　クループリンティング

ISBN978-4-522-43832-9　C8076